GREGOR BAUMHOF

GESÄNGE
DER STILLE

Dieses Buch widme ich
meinen Engeln.

GREGOR BAUMHOF

GESÄNGE DER STILLE

Mit dem Gregorianischen Choral meditieren

Ein Übungsbuch mit CD

KÖSEL

Mix
Produktgruppe aus vorbildlich bewirtschafteten Wäldern und anderen kontrollierten Herkünften
www.fsc.org Zert.-Nr. GFA-COC-1298
© 1996 Forest Stewardship Council
FSC

Verlagsgruppe Random House FSC-DEU-0100
Das für dieses Buch verwendete FSC-zertifizierte Papier *Praximatt* liefert Condat, Frankreich.

3. Auflage 2008

Umschlag: Elisabeth Petersen, München
Umschlagmotiv: altrendo images/gettyimages
Druck und Bindung: Kösel, Krugzell
Printed in Germany
ISBN 978-3-466-36721-4

www.koesel.de

Inhalt

EINFÜHRUNG

GESÄNGE DER STILLE

Vorwort

Der Gregorianische Choral erwuchs im frühen Mittelalter aus dem Gebet und der Kontemplation der Mönche – vor allem aus dem Beten des Psalters – und ist eine besondere Form gesungener Meditation. Er kann als Übung verstanden werden, die mit Hilfe der dauernden Wiederholung bezweckt, zu Bewusstseinsschichten vorzudringen, die dem Verstand und allen Bestrebungen, immer wieder nach anderem Ausschau zu halten, zunächst verschlossen sind. Der Gregorianische Choral will das, was die Gedanken übersteigt, in einem anderen Medium als der Sprache ausdrücken. Damit ist er echte seelische Ausdruckskunst, die in der Form des einfachen, einstimmigen Gesanges, der ruhigen und strömenden Melodie die Ehrfurcht vor dem Heiligen, das Moment der Verehrung des Ewigen hör- und vernehmbar macht.

Ich bin in den langen Jahren meiner Tätigkeit als Referent von Tagungen und Seminaren sehr vielen Menschen begegnet, seien es kirchentreue oder kirchenferne, die spüren, dass von diesen Gesängen eine Kraft ausgeht, die ihnen gut tut, die ihnen Ruhe in hektischen Situationen zu schenken vermag. Diese Kraft ist offensichtlich von einem so ganz anderem Atem gesteuert, dass es ihr gelingt, Menschen mit ihren eigenen Empfindungsbereichen in Kontakt zu bringen, die in den regulären Gottesdiensten oftmals nicht mehr angesprochen werden.

Diese Menschen belassen es auch nicht beim Kauf von CDs, beim reinen Sich-beschallen-Lassen und beim Reden über die Interpretation, sondern sie suchen sich mit eigenem Engagement dieser Musik wieder zu nähern und halten nach Angeboten Ausschau, in denen Choral gesungen, gehört und betrachtet wird. Seit über zehn Jahren habe ich hier in meinem Kloster und in vielen Einrichtungen außerhalb die große Begeisterung gespürt, die diese Musik bei den Teilnehmern der Seminare und Kurse zu wecken vermag – durch Hören und eigenes Singen. Deswegen ist das Buch für all jene bestimmt, die ein Bedürfnis spüren, sich ihr geistliches Leben von der Kraftquelle des Gregorianischen Chorals her vertiefen und bereichern zu lassen. Aus diesem Grunde habe ich in diesem Buch auch auf die Darstellung theoretischer Gegebenheiten und auf jeden wissenschaftlichen Anspruch bewusst verzichtet – für diese Bereiche des Gregorianischen Chorals gibt es andere Bücher. Am Ende des Buches aber findet der Leser, der sich diesem Gebiet aus Interesse nähern möchte, eine kleine Hinführung zu den besonderen Notationsformen des Chorals.

Dieses Buch wendet sich an all jene, die bereit sind, mit Aufmerksamkeit und innerer Bereitschaft, ja auch einer Portion Neugier sich wieder einem Akt zu öffnen, der seit alters her mit dem Leben und der Freude in Verbindung steht: dem Hören und Singen. Es richtet sich auch an die Menschen, die sich auf eine Botschaft einlassen wollen, die aus der Sehnsucht nach Leben erwächst, die sich konzentrieren wollen auf das »Wesentliche, das den Augen verborgen ist« und die »wahrnehmen« wollen, wie die geistliche Glaubenskraft des Künstler-Sängers, der in seinen Gesängen das Wort Gottes zum Erblühen bringen wollte, bis in die heutigen Tage und Erfahrungen hinein helfend und heilend wirken kann. Gegenstand dieser Übungen sind in diesem Buch ausgewählte Gesänge des Weihnachtsfestkreises vom ersten Advent bis zum Fest der Darstellung des Herrn. Das Buch kann aber auch zu anderen Zeiten des Jahres mit Gewinn benutzt werden.

Ich selbst habe diese Gesänge erst in meinem Leben als Mönch kennen gelernt. Als Ergebnis immer wieder erneuten, regelmäßigen Singens wusste ich sie von Jahr zu Jahr mehr zu schätzen. Dabei hat mir auch eine Stimmbandentzündung mit Operation schmerzlich vor Augen geführt, was passiert, wenn man mit seinem Instrument nicht behutsam genug umgeht. Aber ich habe in den vielen Jahren immer deutlicher und intensiver spüren dürfen, dass diese Gesänge den Rang von Zeugnissen haben, dass sie Beweise sind, die verlässlicher sind als bloße Worte. Wirklich fromme Kunst kann nicht lügen. Das ist wohl auch der Grund, dass die Gesänge für mich wie Nahrung geworden sind und ich von Jahr zu Jahr mehr spüre: Es muss wahr sein. Die ersten Sänger, die diese Lieder auswendig, »par-cœur«, konnten, haben Christus als Wegbegleiter des »Ich bin bei euch alle Tage« existenziell erfahren, täglich wohl. Die hat es gebeutelt und gefasst. Und sie haben auf diese Wegbegleitung eine Antwort gewusst, die bis heute tragen kann. Ich bin im Laufe der Jahre dabei immer dankbarer dafür geworden, dass diese Gesänge mein Leben begleiten an jedem Tag, in jeder Woche und alle Jahre. Vor diesen Gesängen immer wieder stehen, heißt, bis zur Meisterschaft den Neid lernen, weil ich es nie wagen würde, aus der Kenntnis der Gesänge heraus selber so einen Gesang zu schaffen. Wenn ein kleiner Funke dieser ungebrochenen Begeisterung überspringen kann auf die Leserinnen und Leser, dann hat dieses Buch seinen Sinn erfüllt.

In meinen vielen Seminaren habe ich die Erfahrung gemacht, dass es sinnvoll ist, den Ausgang zu Betrachtungen zum Gregorianischen Choral nicht sofort mit musikalischen Beispielen vorzunehmen. Allzu sehr schreckt doch viele die Tatsache ab, dass der Gregorianische Choral als Vertonungsgrundlage die lateinische Sprache und zudem eine eigene Notation hat. Und da ich vermeiden möchte, dass äußerliche Dinge – und um diese handelt es sich zunächst bei Notation und Sprache – den Zugangsweg versperren oder erschweren, soll zu Beginn dieses Buches – für alle als offene Eintrittstüre – die Betrachtung eines für den Choral und sein Verständnis sehr wichtiges Bild stehen. Das Bild ist entnommen dem Codex 390/391 der Stiftsbibliothek von St. Gallen. Es handelt sich bei diesem Codex um ein Buch, das die Gesänge des mönchischen Stundengebetes enthält und das von dem Mönch Hartker zwischen 986 und 1011 geschrieben wurde.

Was ist das: »Gregorianischer Choral«?

Aus dem Codex 390/391 der Stiftsbibliothek St. Gallen (Codex Hartker), um 1000 n. Chr.

Das von großer Ruhe, ja von großer Stille geprägte Bild zeigt die Szene einer Weitergabe, einer Mit-Teilung. In der linken Bildhälfte, die in der Deutung der mittelalterlichen Bildsymbolik oft mit dem Unbewussten in Verbindung gebracht wird, sitzt, vielmehr thront eine große Gestalt, die mit einem kreisrunden Nimbus versehen und in ein liturgisches Gewand gekleidet ist. Der Nimbus weist sie als Heiligen, das Ypsilon auf dem in ruhigen Falten fallenden Gewand als Wissenden, als Weisen aus, der in seinem Leben Entscheidungen für sich getroffen hat. Er hat, um es mit Worten aus der Regel des hl. Benedikt zu sagen, das »Ohr seines Herzens« aufgemacht. Er praktiziert eine Aufforderung, die mit dem Wort »Effata« einst im Taufritus dem Täufling zugesprochen wurde und die so viel wie »Tu dich auf« bedeutet. Auch seine Augen schauen weit nach innen, sie wollen weder etwas deutlich anschauen oder jemanden fixieren, schon gar nicht als Sinne »rezeptiv« konsumieren. Die Augen sind, wie das Gehör, nach innen gerichtet. Diese Gestalt ist im Geheimnis daheim.

Die Taube, die sich auf der rechten Schulter der Gestalt niedergelassen hat, ist Quelle der In-»Spiration«. Der Heilige Geist, der sich seit alters her für die Seele ins Bild der Taube – die als Vogelwesen der bewegten Luft eines »Oben« angehört – fassen lässt, bedarf dieser Haltung der nach innen gekehrten Stille, sonst kann Er sich nicht verständlich machen. »Spiritus« meint ja sprachlich zunächst nicht »Geist« sondern die Luftbewegung des Atems oder des Windes, also Uräußerungen des Lebendigen, nicht Greifbaren. Was die Taube an das Ohr – das im Wirkungsbereich des Nimbus liegt, der immerhin vier von fünf Sinnen erfasst – weitergibt und mitteilt, ist denn auch mehr als Nachricht oder Information: Es ist für mich, wenn ich das Wort des heiligen Augustinus »Wer liebt, singt« anthropomorph auf den Geist Gottes beziehe, die im Wort des Lebens ausgesungene Liebe Gottes zu uns.

Nun gibt die konzentrierte, ruhig und gelassen thronende Gestalt erstaunlicherweise das Gehörte nicht mit dem Munde weiter, sondern antwortet mit einer der gehörten »Bewegung« adäquaten, doch schon tiefer liegenden, erdnäheren Handbewegung, die die ganze Bildmitte in Anspruch nimmt: Das als Geheimnis Gehörte tritt ins offensichtlich Sichtbare. Die Hand, die in ihrer Bedeutungsgröße gezeigt wird und deren Form – parallel etwas schräg nach unten verschoben – an die Taube erinnert, bewegt sich vor einer Tür, deren Vorhang sich in Richtung der Weitergabe öffnet: Es geschieht »revelatio«, Enthüllung eines gehörten Geheimnisses ins Sichtbare. Die rechte Hand unterstützt diese Weitergabe der Botschaft, die dem Heiligen wohl »am Herzen liegt«.

Auf diese Bewegung der linken Hand sind die Augen einer kleineren Gestalt gerichtet, die in der rechten, der dem Bewusstsein nahen Bildhälfte sitzt. Sie sitzt gekrümmt, angespannt und mit überkreuzten Beinen in einer Haltung, die undenkbar ist für den gelassenen Weisen. Sie versucht mit angestrengten Augen, für deren Aufnahmefähigkeit sie – wie ihre Haltung zeigt – offenbar sogar die Ohren benötigt, die sichtbar gewordenen Bewegungen auf einer eckigen Tafel (vgl. den runden Nimbus!) möglichst exakt zu fixieren. Sie versucht die »Quadratur des Kreises« mit einem Federkiel, der ja von einem Vogel stammt und der im parallel schrägen Duktus von Taube und Hand noch weiter abwärts führt. Dieser Richtungsablauf der Parallelverschiebung von oben links nach unten rechts kommt in der linken Hand, die das Rechteck der Tafel festhält, zum Tiefpunkt und zum Stillstand. Die Haken und die Kritzelzeichen auf dem Bild, die kaum entziffert werden können, sind das materielle, dingfeste Substrat der Inspiration, eine Analogie des in Schrift sich inkarnierenden Wortes.

Das hier Beschriebene vollzieht sich innerhalb einer klaren, symmetrischen Architektur, es wird von Architektur be-»dacht«, von einer Kunst, die am Anfang der bildenden Künste, der Kultur überhaupt, steht. Durch Architektur wird das elementare Bedürfnis des Menschen nach Schutz und Geborgenheit befriedigt. Sie bildet damit eine wesentliche Grundvoraussetzung menschlicher Gemeinschaft. Ernst Bloch hat für diesen Raum, in dem sich eine Beziehungsaufnahme ereignet, das wunderschöne Wort von der »gotischen Innenstube« geprägt.

Mit dem erreichten Tiefpunkt und der verfolgten Richtung der Weitergabe von links nach rechts ist die Bedeutung des Bildes allerdings nicht erschöpft. Denn jetzt schiebt sich im aktiven Zurückgehen des Weges unser Engagement ins Spiel. Was der Schreiber fixiert hat, ist uns überkommen, wir finden es in den frühesten Handschriften der liturgischen Gesänge, z. B. in dem Ausschnitt des Graduale zum Sonntag Quinquagesima:

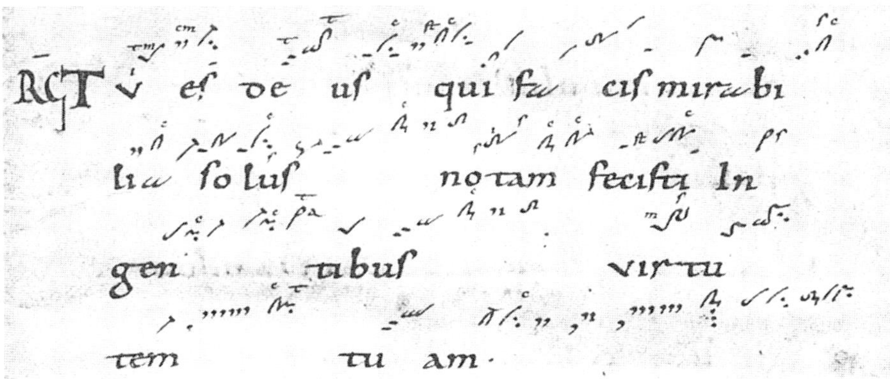

▶ CD 1

Beginn des Graduale »Tu es Deus« aus dem Cantatorium, dem Codex 359 der Stiftsbibliothek St. Gallen, um 900 n. Chr.

Die fein ausdifferenzierten, mit subtiler Sorgfalt und liebevoller Hingabe über den Text gesetzten Zeichen aus einem offenbar großen Vorrat sind, in Bewegung zurückgeführt, das entscheidende Medium, um jene für den Sänger so bedeutungsvolle und offenbar von Erfahrung getränkte Antwort als Lob dem zu singen, von dem er das wichtige Wort des Lebens erhalten hat: »Du bist der Gott, der allein Wunderbares tut«.

Das wäre also die Aufgabe: Die uns überkommenen toten Zeichen des Schreibers zunächst wieder in einer Bewegung erstehen zu lassen. In einer Bewegung, die gesteuert wird von der Beziehung zu einem Geheimnis, das der Geist Gottes jedem in das Ohr seines Herzens als Einladung und als Zusage der Teilhabe an göttlichem, von keiner Zeit begrenztem Leben zuspricht; die als Resonanz tönt, als Gebetsantwort auf das gehörte Wort des Lebens. Der Intensität der Freude über diese Beziehung genügt das gesprochene Wort nicht, sie verlangt nach der der Liebesbeziehung adäquaten Form des Singens. Diese hat der Gregorianische Choral modellhaft ausgeprägt und mustergültig formuliert.

Es mag durch die Betrachtung für den Leser hinreichend deutlich geworden sein, dass wir mit ausschließlich historischen oder wissenschaftlichen Fragestellungen wohl nur zu den Rändern, nicht jedoch zum Kern des Wesens des Gregorianischen Chorals vorzustoßen vermögen, genausowenig wie die Frage nach der Menge des verwendeten Goldes eine Antwort auf die Qualität einer Ikone geben kann. Ihr Wert wird wesentlich vom persönlichen Bezug zu jenem Geheimnis geprägt, das der Gläubige für die Deutung seiner eigenen Bestimmung in der Ikone dargestellt sieht. Die Betrachtung sollte uns gezeigt haben, dass der Gregorianische Choral nicht primär musikalisches Kunstwerk, nicht Vertonung theologischer Spekulation, sondern gesungenes Gebet und Zeugnis religiösen Lebens ist, das in Gemeinschaft ausgeübt und vollzogen wird. Ohne eigenes inneres Engagement von Seiten des Ausführenden wie des Hörenden bleibt das Wesentliche verborgen. Bei demjenigen, der dazu bereit ist, vermag der Choral das Einüben in das Sich-Loslassen zu bewirken. Weil der Choral selbst aus dem Geist der Hingabe an das Wort Gottes erwachsen ist, vermag er diesen Geist der Hingabe auch bei Ausführenden und Hörenden zu wecken und zu fördern.

Zur Auswahl der Gesänge

Für dieses Übungsbuch wurden drei in ihrer Art sehr verschiedene Gesangsformen ausgewählt. Der *Introitus* ist ein Gesang, der die Prozession des Priesters zum Altar begleitet und den Gottesdienst eröffnet. Sein Text, der in seinem größten Teil dem Psalter entnommen ist, wirft durch seine spezielle Auswahl ein ganz besonderes Licht auf den Sonntag, für den er geschaffen wurde. Der Name »Introitus« leitet sich her vom lateinischen Wort *introire*, was soviel bedeutet wie »hineingehen«, aber in einer doppelten Bedeutung: Es meint nicht nur das äußerliche Gehen von der Sakristei zum Altar, sondern meint auch eine Wendung des Bewusstseins von nach außen gerichteten Tätigkeiten, wie z.B. Schauen, Planen, Untersuchen zu nach innen gerichteten Vorgängen wie z.B. Sammlung, Konzentration auf das Wesentliche, auf die eigene Stimme, auf die persönliche Innenwelt. Was das Wort meint, lässt sich wohl am besten mit »inne-werden« übertragen und es ist damit entgegengesetzt dem *pro-gredere,* dem »fort-schreiten«. Mit diesem Gesang geschieht in der Liturgie dasselbe wie im Märchen von Frau Holle mit dem Fall in den Brunnen: Er markiert die Grenze zwischen Oberbewusstsein und Kontakt zu einer eigenen Innenwelt des Bewusstseins. Der Introitus muss deshalb, wenn er dem Wort des Psalters Klang verleihen will, sich diesem mit großer Ehrfurcht nähern, es von seiner äußeren Gestalt, aber auch von seinem inneren Gehalt her, von seiner Bedeutung und Stellung im Satzganzen zu erfassen suchen und so im Klang erblühen lassen, damit es auch auf einer anderen Ebene wahrgenommen werden kann als nur mit dem intellektuellen Verstehen.

Auch die äußere Form des Introitus steht ganz im Dienst der kultischen Feier: Zum einen kann er durch das Zwischenschalten von einfacher gesungenen Psalmversen flexibel auf die Länge der Prozession reagieren, zum anderen ermöglicht er dem Hörer oder Sänger durch seine Wiederholung, tiefer in seine inneren Schichten vorzudringen. Ein weiterer Grund gab uns Anlass zur Auswahl dieses Gesanges: Mit dem Psalmvers als Grundlage benutzt der Introitus einen Text, der für die Gläubigen seit alters her »inspiriertes Wort Gottes ist« (s. die Bemerkung zum Graduale »Tu es Deus« im ersten Teil der Einleitung).

Dem Introitus zur Seite gestellt wird als zweiter Gesang der *Hymnus*. Das Wort Hymnus leitet sich aus dem Griechischen *hyphaino*, das heißt »weben«, »dicht machen«, ab. Hymnus bedeutet also soviel wie »gewebte Rede«. Diese Gattung gehört ihrer Art nach als Dichtung der Kunst an, von ihrem Inhalt aber immer der Religion. Hymnen finden wir in allen Religionen. Das Besondere am Hymnus ist, dass er preist. Er ist vor allem und zuerst ein Lobgesang. Der heilige Augustinus sagt von ihm: »Wer singt, der lobt nicht nur, er lobt auch freudig; wer lobsingt, singt nicht nur, nein er liebt auch den, dem er singt.« Der Hymnus richtet sich also immer an eine Person, ist immer Anrede. Freude und Liebe sind seine beiden Lungenflügel.

Wir begegnen in den Hymnen einem Weltverständnis, das nicht oder nur noch eingeschränkt das unsere ist. Im Hymnus sind die Dinge noch mit ihrer unmittelbaren Ausstrahlung mächtig. Jede Zeile, die von der Natur spricht, bezeugt diesen mächtigen Mitteilungscharakter der Dinge. Wir haben durch Ausbeutung die Macht aus den Dingen gerissen, die Dinge reagieren auf Ausbeutung durch Sterben. Könnte es sein, wenn uns das – auch durch die Begegnung mit den alten Hymnen – wieder bewusst wird, dass wir im tiefen Inneren uns auch wieder nach einer Welt sehnen, in der die Dinge zu ihrer Macht, zu ihren höchsten Möglichkeiten kommen, in der die Dinge sich mitteilen als Werke des großen Schöpfers?

Der Hymnensänger – sei es nun der vorchristlich-fromme, sei es der christliche, sei es der primitive – hat die Nabelschnur zu den Kräften der Natur nicht abgeschnitten. Das ist immer sein Ausgangspunkt. Er bleibt da aber nicht stehen. Darüberhinaus ist er der Überzeugung, dass sich Gottes Gegenwart im kultischen Feiern ereignet. Von dieser Gegenwart wird er ergriffen, besser gesagt: lässt er sich ergreifen und anrühren und kann das Preisen nicht lassen. Hymnen sind also Preislieder, die ein von Gott Ergriffener singt. Der Sänger und Dichter gibt dem einmaligen Wort Gottes Raum und versucht mit seinem Lobgesang auf dieses Wunder Antwort zu geben.

Der Leser des Buches, und sei es auch ein abseits Stehender oder ein Kirchenferner, ist mit dem Hymnus eingeladen, sich immer wieder neu von dieser Haltung anstecken zu lassen, um sich darin einzuüben, sich auf diese so wohltuende Beziehungsebene einzulassen und neu anrühren zu lassen.

Was mit dem vorigen gemeint ist, lässt sich vielleicht am besten ergänzen mit dem Anfang eines Gedichtes von Hilde Domin mit dem Titel »Geh hin«:

geh hin

geh hin umarme
einen Baum
geh hin
umarme einen Baum
geh hin umarme einen Baum
er weint mit dir

Die dritte Gattungsform, die das Buch zum übenden Umgang mit dem Choral anbietet, ist die meist sehr einfach gehaltene *Antiphon*, die für das Stundengebet vorgesehen ist. Sie ist ein kurzes, kleines Gesangsstück. Im Wesentlichen trägt jede Silbe nur einen Ton, der Tonumfang ist bescheiden, der Klang gewordene Text aber vermag die Seele auszusprechen. Dieser Gesang wurde einst in den gesungenen Vortrag der Psalmen als »Gegengesang« eingestreut und mehrmals wiederholt. Dadurch konnten die Antiphonen gut ihre meditative Wirkung entfalten. Heute dienen sie als Rahmenverse oder Kehrverse, die einen gesungenen Psalm rahmen. Dieses Psalmensingen ist geprägt von einem stets gleichen melodischen Grundmodell, auf das alle Verse, ob sie nun preisen, fluchen, loben, klagen oder erzählen, ob sie von Gott dem Herrn reden oder von dem Widersacher des Psalmensängers, gesungen werden. Durch diese Methode kommt der Atem in eine ruhige Bewegung, der Kopf lässt das Nachdenken, weil das Singen keinen Aufschub duldet. Die Intention, die diesem Meditieren zugrunde liegt, mag am besten in einem Bild deutlich werden.

Es gibt in der Oberpfalz einen Ort, Windischeschenbach, an dem sich das tiefste Bohrloch der Erde befindet. Um zu den besonderen, in der Tiefe verborgenen Gesteinsschichten zu gelangen, haben die Geologen dort ein 13 km tiefes Loch in die Erde gebohrt.

Was war für dieses Experiment nötig: Die Geologen mussten einen ganz konkreten Platz auswählen und an ihm den ausgewählten Bohrer immer dieselbe Bewegung vollziehen lassen. So und nur so kamen sie in die Tiefe zu den Sedimentsschichten der Erde, die für sie von Interesse sind, um Aufschluss über das Werden der Erde zu gewinnen. Übertragen auf unsere Situation heißt das: Um in die eigenen Tiefen vorzustoßen, empfiehlt sich eine Übung, die nicht auf Abwechslung zielt, sondern auf stete Wiederholung. Auch das Wort »Meditation« gibt uns dafür einen guten Hinweis. Es leitet sich aus dem lateinischen Wort »meditari« her, das in seinem ursprünglichen Sinn aus dem militärischen Bereich stammt und das Einüben von Griffen und Haltungen meint, bis sie in Fleisch und Blut übergegangen sind.

Die ausgewählte Antiphon ist also eine Art Grundbeleuchtung, unter der der gesungene Psalm erfahren sein will. Sie hat mit dem Introitus gemeinsam, dass sie um einer intensiveren Wirkung willen häufiger wiederholt wird. Die als Musterbeispiel betrachtete Antiphon »Jerusalem gaude« gehört hierzu.

Die Gattung des kurzen Antwortgesanges (Responsorium breve) und der Antwortpsalm (Psalmus responsorius) können diese Art von Meditation auf besonders intensive Weise erleben lassen.

Zum Gebrauch des Buches

Das vorliegende Buch wählt Gesänge des Gregorianischen Chorals zur Betrachtung aus, die in der Liturgie des Advents, der beiden Weihnachtsfeste und der Weihnachtszeit ihren genuinen Platz haben. Das heißt aber nicht, dass das Buch nur für diese Zeit als Übungsbuch geeignet ist. Deswegen folgen hier ein paar Hinweise zum fruchtbaren Umgang mit dem Buch – wann immer – und seinem Anliegen.

Dem Charakter des Buches als Übungsbuch zum und mit dem Gregorianischen Choral gemäß ist es angeraten, je nach Zeit und Lust jeweils eine ganze Station oder auch nur einen Teil einer Station auszuwählen, ihr ein gerüttelt Maß an Zeit und einen ruhigen ungestörten Raum zur Verfügung zu stellen. Alle im Buch aufgeführten Gesänge befinden sich auf der beiliegenden CD. Auf die Nummern auf der CD wird jeweils verwiesen.

Ich empfehle dem Leser, zunächst mit dem Introitus zu beginnen, ihn ein- oder zweimal, wenn genug Zeit zur Verfügung steht, auch ein drittes Mal zu hören. Erst nach dem Hören sollte die Übersetzung des lateinischen Textes gelesen werden, um dem Empfinden eine Chance zu geben und um dieses Empfinden nicht gleich wieder durch Nachdenken zu relativieren. Nach der Kenntnis des Textinhaltes kann wieder ein Hören erfolgen. Jetzt ist es an der Zeit, zu den Textdeutungen und auch zu den musikalischen Betrachtungen einen Kontakt zu suchen. Diese Erläuterungen versuchen das aufzuschließen, was dem Gottessänger wichtig war, seiner Klang gewordenen Interpretation nachzuspüren. In dem Buch wird versucht, dies dem Hörer ohne theoretische Vorkenntnisse zu vermitteln. Wenn dem Hörer Formulierungen begegnen, die ihm zu kompliziert sind, möge er sie einfach überschlagen. Das gilt auch für den Abdruck der Noten. Sie sind nicht Voraussetzung für den übenden Umgang mit dem Introitus, sondern lediglich eine optische Hilfestellung, um dem flüchtigen Gesang eine betrachtende Perspektive zu ermöglichen. Für den speziell an Fragen der Notation interessierten Leser finden sich im Anhang einige Hinweise und Erläuterungen zu den Notationsformen des Gregorianischen Chorals. Der Gewinn im Umgang mit dem Introitus liegt für den Hörer und Leser in der Übung eines »inspirierten und inspirierenden Hörens«.

Der Einstieg zum Hymnus empfiehlt sich ebenfalls über die Musik. Lassen Sie also zunächst die ganze Melodie und die verschiedenen Melodiebögen auf sich wirken. Der Hymnus ist in lateinischer Sprache und in metrischer Art gedichtet. Viele alte Hymnen sind schon früh ins Deutsche übertragen worden. Diese Übertragungen wollten auf die Verwendung der altehrwürdigen Melodie, die ja im Herzen der Gläubigen verankert war, nicht verzichten. Wegen der Anpassung auch des deutschen Textes an das Metrum musste der Text notgedrungen bei der Tiefe und dem Reichtum der verwendeten Bilder Einbußen gegenüber dem Original erleiden. Die uns bekannten Übertragungen lateinischer Hymnen (z.B. »Gott, Heilger Schöpfer aller Stern«) arbeiten auf diese Weise. Für dieses Buch habe ich eine andere Form gewählt. Sie finden neben dem lateinischen Originaltext eine freie Übersetzung vor, an die sich ein ausführlicher Kommentar anschließt, der versucht, die Fülle und Intensität der Bilder dem Hörer wieder aufzuschließen. Der Übungsweg hat hier die allmähliche Wiedergewinnung der Haltung des Preisens und Staunens zum Ziel, die dann durch ein Mitsummen der wunderschönen Melodie sich verstärken kann. Die Melodien reichen von recht einfachen Modellen bis hin zu komplizierteren. Die Frucht des Übungsweges ist eine poetisch-staunende.

Die einfachen Gesänge der Antiphonen, der kurzen Responsorien und des Psalmus responsorius sind so ausgewählt, dass der sangesfreudige Leser nach den ersten Schritten eingeladen ist, beim Hören des Beispiels auch mitzusummen oder wenn er einen Zugang zum lateinischen Text gefunden hat, mitzusingen. Für den Umgang mit diesen einfachen Gesängen sei als Einführungsbeispiel auf die Betrachtung der Antiphon »Jerusalem gaude« verwiesen, die thematisch im Duktus des dritten Advents steht, aber auch als erstes Übungsbeispiel vorgezogen werden kann (s. S. 62). Es ist sinnvoll, die Übung jeweils mit dem Hören des Gesanges abzuschließen.

So gehandhabt kann das Buch als geistlicher Begleiter dienen bei dem aufregenden Versuch, in einem selbstgewählten Zeitraum, sei es um die Advents- und Weihnachtszeit, sei es in einem anderen Zeitraum sich dem Klang gewordenen Wort des Gregorianischen Chorals in seiner Einzigartigkeit zu öffnen und sich von ihm auf besondere und unverwechselbare Art beschenken und bereichern zu lassen.

Noch ein kurzer Hinweis zur Zählung der Psalmen: Der Gregorianische Choral greift in der Hauptsache auf den lateinischen Text der Bibel, die Vulgata, zurück. Dort weicht die Zählung der Psalmen jedoch geringfügig von der hebräischen Fassung des Psalters ab, an der sich inzwischen alle gebräuchlichen Bibelübersetzungen orientieren. Die heute übliche Zählung ist im Buch in der Regel zusätzlich in Klammern vermerkt, bei den direkt aus alten Vorlagen übernommenen Notenbeispielen steht indessen nur die frühere Zählung gemäß der Vulgata.

Die Zeiterfahrung des Gregorianischen Chorals

Die Gesänge des Gregorianischen Chorals sind geschaffen für die kultische Feier der Christen in Eucharistie und Stundengebet. Die Festzeiten orientieren sich dabei stets an kosmischen Gegebenheiten von Jahr, Woche und Tag. Durch die Belegung von Daten mit Festen bekommt der jeweilige kosmische Rhythmus eine besondere Qualität. Diese Festlegung von Festzeiten und Festen als Versuch, die Zeit nicht nur quantitativ als verrinnende, sondern als qualitativ erlebte zu erfahren, finden wir in dem kultischen Feiern aller Religionen. Die eben genannten Unterschiede der Zeitauffassung spiegeln sich gut wieder in der griechischen Denkweise. Der Grieche kennt neben Chronos, dem Gott der verrinnenden Zeit auch den Kairos, den Gott, der für die Gunst der Stunde, für die Chance, die in einer Zeit liegen kann, Sorge trägt.

Drei kosmische Vorgänge haben unsere Zeiteneinteilungen bestimmt: Die Drehung der Erde um ihre eigene Achse, der Umlauf des Mondes um die Erde und der Umlauf der Erde um die Sonne. Alle drei haben Auswirkungen auf das Stundengebet:

Die Drehung der Erde um ihre Achse bringt Tag und Nacht hervor. Das Stundengebet orientiert sich mit seinen Horen Laudes und Vesper an diesem Rhythmus und versucht, diesen qualitativ zu durchdringen. Besonders wichtig sind dabei Zeiten des Überganges vom Tag zur Nacht und von der Nacht zum Tag. Sie sind bis heute die Zeiten, an denen wir noch staunen, sei es über den herrlichen Sonnenaufgang oder über den ergreifenden Sonnenuntergang.

Die Vierteilung des Mondenrhythmus führt auf die Erfahrung der Woche. Dieser unser Leben stetig begleitende Rhythmus hat seinen Ursprung in der Planetenwoche, die vor ca. 4000 Jahren in Chaldäa gefunden wurde. Sie spiegelt sich exemplarisch in der Bildgeschichte von der Erschaffung der Welt im ersten Buch des Alten Testamentes. Die Wochentage sind nicht alle gleich wichtig. Für die Gesänge des Introitus ist wichtig, dass sie dem Gottesdienst am Sonntag zugeordnet sind, an dem die Christen die Auferstehung ihres Herrn Jesus Christus durch eine Feier dankend und erinnernd begehen. Das am Rhythmus der Woche orientierte Abendlob enthält Hymnen, in denen die Schöpfungsgeschichte dichterisch-preisend erinnert wird.

Aber auch die zweite Bewegung der Erde, die um die Sonne, zeitigt einen besonderen Rhythmus, den des Jahres. Das Jahr kennt wie jeder Rhythmus zwei Pole, die sich stets ausgleichen. Der eine Pol ist die Sommersonnenwende, das Datum des längsten Tages, der zweite die Wintersonnenwende, das Datum des kürzesten Tages. Die Ausgleiche finden statt im Frühlings- und im Herbstbeginn, den Daten, an denen Tag und Nacht gleich lang sind. Die Gesänge, deren Betrachtung Gegenstand des Buches ist, sind geschaffen für das Weihnachtsfest, das seinen Platz zum Zeitpunkt der Wintersonnenwende erhält, dann nämlich, wenn das Licht wieder zunimmt, für die Woche vor und nach diesem Datum und für Sonntage, die sich um dieses große Datum herum gruppieren.

Aus der orientalischen Festtradition entstand das Fest der Erscheinung des Herrn am 6. Januar. Für die Gesänge unseres Buches ergibt sich so folgende wunderbare Zeitgestalt:

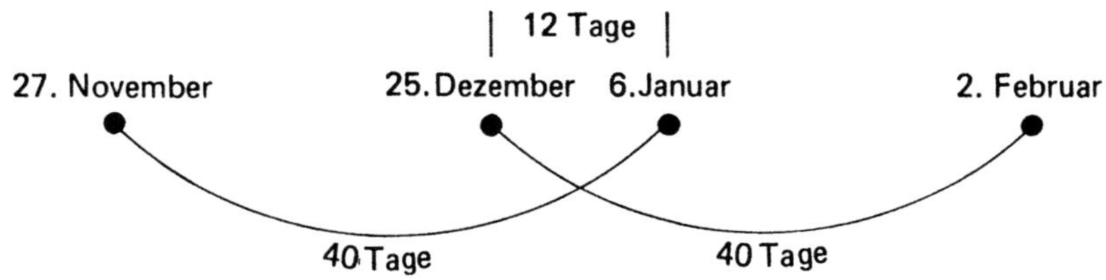

Die Zeitgestalt vor und nach Weihnachten

Der frühestmögliche Zeitpunkt für den ersten Advent ist der 27. November. Von diesem Datum aus sind es genau vierzig Tage bis Erscheinung des Herrn. Die zwölf Tage zwischen Weihnachten und Erscheinung sind in die Feiertradition der Raunächte eingegangen. Und der Weihnachtsfestkreis schließt nach alter Tradition vierzig Tage nach Weihnachten, das ist der 2. Februar, Mariä Lichtmess oder Darstellung des Herrn genannt.

Die den Weihnachtsfestkreis prägende Zahl vierzig hat eine besondere Bedeutung, die in ihrer Qualität als Werde-Zahl liegt. Allgemein bekannt ist die Quarantäne, ein Zeitraum der Absonderung für Menschen, von denen man nicht sicher wusste ob sie sich mit einer ansteckenden Krankheit infiziert hatten. Die frühere Heilkunde kannte diese vierzig Tage als Erfahrungswert, in denen sich eine verborgene Krankheit zeigte oder eben nicht zeigte. Die Zahl Vierzig *als Werdezahl* erscheint auch in der alten Angabe für die Dauer der Embryonalentwicklung, nämlich vierzig Wochen, d.h. die Zeit bis zur Geburt umfasst zehn Lunationen. Und in der Bibel gibt es eine Fülle von Stellen, an denen die Zahl vierzig eine Rolle spielt. Hier seien stellvertretend für viele die vierzigjährige Wüstenwanderung des Volkes Israel, die vierzig Tage dauernde Sintflut und die vierzigtägige Fastenzeit Christi in der Wüste, an deren Ende der Versucher an Jesus herantritt, genannt.

Es ist wichtig für das Verständnis der Gesänge, dass sie wie alle kultische Musik in einem von der Qualität der Zeit bestimmten Zusammenhang stehen, der seinerseits sich an den natürlichen kosmischen Rhythmen orientiert. Diese Orientierung wurde von alters her als gesund und heilsam, als unverzichtbar für die physische und psychische Gesundheit der Menschen erfahren.

Das früheste schriftliche Zeugnis für diese Deutung des Rhythmus finden wir bei Archilochos (7. Jh. v. Chr.): »Erkenne, welcher Rhythmus den Menschen in seinen Banden hält.« Und bei Plato heißt es: »Die Götter als unsere Festgenossen spenden das Gefühl für Rhythmus und Harmonie, mittels dessen sie unsere Bewegungen und Reigen (*choroi*) leiten, indem sie durch Gesänge und Tänze uns zu Gruppen vereinigen.« Hier ist alles Entscheidende beisammen: die feiernde Gruppe, das Gemeinschaftserlebnis, der Reigen und das Lied des Chores, die Festesfreude und die Feierstimmung.

Der Advent ist deswegen eine fein und wohlbedacht gestaltete Zeit vor Weihnachten. »Adventus« heißt Ankunft, Erscheinung, das griechische Wort für »Adventus« ist »Epiphanie«. Diesen Namen trägt das zweite Weihnachtsfest, das am 6. Januar gefeiert wird und im Osten seinen Ursprung hat. Der nur in der westlichen Tradition verankerte Advent als Vorbereitungszeit ist gleichsam eine liturgische Inszenierung – nicht für einen weltlichen Herrscher, sondern für das kleine Kind in der Krippe, das als Licht für und in die Welt, das als Licht für jeden Einzelnen ankommen will.

Diese Vorbereitungszeit will angemessen vollzogen, will gefeiert sein. Der Gregorianische Choral stellt – vor allem weil es um ein Ereignis der Freude geht – eine vielfältige und reichhaltige Sammlung schöner und reifer Gesänge bereit. In diesen Gesängen geht es dabei sowohl um die Gewinnung eines Grundverständnisses über den, der da ankommt, wie auch – und das ist eigentlich viel wichtiger – um den Ausdruck einer Freude, einer Vorfreude, also um die Gestaltung einer elementaren Grundempfindung.

Vom Beginn der Adventszeit bis zum 16. Dezember sind die Sonntage mit besonderen Gesängen in der Messe (s. Introitus), im Stundengebet mit einem eigenen Hymnus und je einer Antiphon zum Lobgesang am Morgen und am Abend ausgestattet. Sieben Tage vor dem Fest nimmt die Intensität der Inszenierung durch vielfältigere Gesänge noch einmal qualitativ eine neue Gestalt an. Es ist wie bei einem »Countdown«, bei dem die Spannung zunimmt, je kleiner die Zahlen werden. In den alten Handschriften finden wir die Sonntage vor Weihnachten deswegen rückwärts gezählt vor: der heutige erste Advent war der vierte Sonntag vor der Geburt Christi, der zweite Advent der dritte Sonntag vor der Geburt usw. Für die letzten sieben Tage vor dem Ereignis, in der unsere Erwartung um eine weitere Stufe wachsen kann, – wenn wir sie wachsen lassen und nicht durch Betriebsamkeit verschütten – vom 17. bis zum 23. Dezember also hat der Gregorianische Choral für jeden Werktag ein eigenes Formular mit Gesängen für die Messe geschaffen, für jeden Psalm im Stundengebet gibt es eine eigene Antiphon und zum Höhepunkt des abendlichen Gotteslobes, der Vesper, erklingt jeden Tag eine der so genannten »großen O-Antiphonen«. Diese Lieder nehmen in unserem Übungsbuch einen besonders großen Raum ein (s. S. 79 ff.). Ihnen gelten auch die Farbabbildungen mit den Meditationen, die in dem Buch verteilt zu finden sind.

Hinweise zu den Farbtafeln

Die abgebildeten Glasfenster befinden sich in den kleinen Schartenfenstern der Dorfkirche St. Johann Nepomuk zu Rabenstein bei Zwiesel und sind bis auf den Lichtschacht beim Altar die einzigen Lichtquellen der Kirche. Die Kirche ist entstanden durch den Umbau eines Forststadels aus dem Jahre 1767. Der Entwurf und die Gestaltung der Glasfenster stammen von Bernhard Schlagemann, einem Lehrer an der Staatlichen Glasfachschule in Zwiesel.

Die Mineralien der Erde, die in das durchsichtige Glas eingeschmolzen werden, spalten das ungeteilte weiße Licht jenseits des Innenraumes auf in die innen wahrgenommene und empfundene Vielfalt der Farbenfülle. Bunte Glasfenster können deshalb aufgefasst werden als irdische Mittler zwischen Himmel und Seele. Das transzendente, ungeteilte Licht des Himmels tritt durch sie in einen Innenraum und kann von dem sich dort Befindenden und Empfindenden in seiner »gotischen Innenstube« (E. Bloch) wahrgenommen werden. Da der Künstler in den Bildern fast ausschließlich die Grundfarben rot, blau und gelb und ihre Kontrastfarbenpaare grün, orange und violett benutzt, mit denen sich die Grundfarben wieder zu weiß vereinen, können sich im Betrachter die Farben wieder zu einer neuen Lichteinheit fügen. So wollen also die einzelnen Szenen nicht die Welt der Erscheinungen abbilden, sondern sie können im Innenraum des Glaubens als Heilsgeschichte gesehen werden. Die Glasfenster wollen also mit den einzelnen Szenen nicht die Welt der Erscheinungen abbilden, sondern uns im Bild für das innere Auge zeigen, wie die Welt im Lichte des Glaubens aussieht.

DER GREGORIANISCHE CHORAL IN DER ADVENTS- UND WEIHNACHTSZEIT

GESÄNGE DER STILLE

Der erste Advent –
Die Sehnsucht nach Bezug und Licht

Zu Dir hin erhebe ich meine Seele,
mein Gott, auf Dich setze ich mein Vertrauen,
lass nicht zu, dass man mich beschämt.
Und auch meine Widersacher sollen mich nicht verhöhnen können.
Denn alle, die auf Dich ihre Erwartung setzen,
dürfen sich vor Schande sicher wissen.

Psalm

Mit Deinen Wegen, o HERR, mache mich vertraut
und Deinen Pfaden zu folgen lehre mich.

Der Introitus »Ad te levavi«

CD 2

Textdeutung

Am Anfang eines neuen Kirchenjahres tritt uns im Sänger dieses Liedes ein einzelner Mensch vor Augen, der von sich spricht und Gott anredet. Eine ganz persönliche Situation also. Das Wort »erheben« meint zunächst eine ganz in der Natürlichkeit des Menschen beheimatete Handlung: Seine Gestalt, seinen Kopf heben führt zur Wahrnehmung des Lichtes. Es ist der Blick von unten nach oben zum Licht. Aber der Sänger bleibt bei dieser natürlichen Beobachtung nicht stehen. Er sieht in dieser Grundgeste ein Abbild für jene Haltung des Menschen, der sich verdankt weiß, der sich als Geschöpf immer rückbesinnt und stets rückzubinden vermag an seinen Schöpfer, vor allem dann, wenn ihn etwas Neues erwartet, wenn er vor etwas Neuem steht. Der Sänger hat die zunehmende Dunkelheit draußen in der Natur wahrgenommen, diese hat sich unwillkürlich auf seine eigene Empfindung gelegt. Nun bewirkt die Aussicht auf die sichere Umkehr dieses Dunklerwerdens bei der Wintersonnenwende, nach der die Tage wieder länger werden, eine große Zuversicht. Zugleich aber ist der Sänger auch in der Lage, in der Naturerscheinung einen Hinweis auf den Schöpfer zu finden. Er preist ja nicht das Licht der Sonne, sondern sieht hinter dem Licht der Sonne denjenigen, der das Licht erschaffen hat. *Ad te levavi* heißt also für ihn: »Du bist das Licht, mein Licht«. Das Gesicht zum Himmel erheben und mit ihm die Empfindungsseele aller fünf Sinne, die ihren Platz im Gesicht haben, ist eine uralte Gebärde. Von alters her kannte man auch das Gegenreich. Der Grieche kannte die Angst, ins Wesenlose, ins Nichtige, Schattenhafte, Fade und Trübe zu fallen. Diesen Bereich, in dem sich diejenigen aufhielten, die aus dem Licht gefallen waren, nannte er Hades und der Gott Aides (Hades) war der Herrscher über dieses Reich der Traurigen, Trüben, Zerstreuten und Gelangweilten. Wer wollte behaupten, dass es diese nur im damaligen Griechenland gegeben hätte? So gewinnt unser Introitus aktuelle Bedeutung und spricht eine Situation auch unserer heutigen Existenz an.

Aber der Sänger sagt nicht: Wenn es einen Gott gibt, dann sollte man das Vertrauen auf ihn setzen. Er spricht Ihn selbst an, er hat eine Beziehung zu Ihm, eine ganz unmittelbare, er ist mit Ihm in Kontakt und spricht Ihm seine Erfahrung aus, dass das »Ins-Licht-halten« des Angesichtes und das »Ins-Licht-halten«

der Seele für ihn eine Kraftquelle für unerschütterliche Zuversicht ist. Seine Widersacher – das können auch die Widersacher in seinem eigenen Inneren sein, die ihn immer wieder in die Dunkelheit des Pessimismus ziehen wollen – vermögen nicht, ihn irre zu machen und von seiner Zuversicht abzubringen.

Erst im zweiten Teil des Introitus erhält das Vertrauen des Sängers eine universale Dimension, sie weitet sich von der individuellen Beziehungsrede zur umfassenden Heilserwartung aller, die auf dieses Licht vertrauen. Und doch huldigt der Sänger keinem Heilsindividualismus, denn der Text, mit dem er seine persönliche Grunderfahrung ausspricht, ist nicht von ihm selbst erfunden und gedichtet, er findet sich im Psalm 24 (25) wieder. Der Sänger kann uns mit seinem Lied lehren, dass es beim Psalmensingen kein Beten gibt, das nur die eigene Person betrifft, obwohl die Psalmen immer vom persönlichen Herzton des Einzelnen herkommen und Gebet immer die allerpersönlichste Sache zwischen Gott und dem Beter bleibt. So kann ein Einschwingen in das Lied auch uns aus unserem Heilsindividualismus herausholen, sodass wir uns wieder als zu dem Volke gehörig wissen, das mit diesen Zeilen seine Ehrfurcht vor dem Schöpfer bekundet. Im Vers, der sich an den Introitus anschließt und der ebenfalls dem Psalm 24 entnommen ist, bittet der Sänger am Anfang eines neuen Kirchenjahres seinen Herrn, ihm Seine Wege zu zeigen, die zum Licht führen, die zum Licht des neugeborenen Christus führen, die zu dem führen, der von sich sagt: »Ich bin das Licht der Welt«. Mit diesem Licht ist ein guter Weg ins neue Kirchenjahr vorgespurt.

Musikalische Betrachtung

Die Geste des Blickes von unten nach oben findet in der kräftigen Melodiebewegung einer Oktave vom tiefsten Ton bei *Ad te – Zu Dir* bis zum höchsten bei *animam – Seele* eine wunderbare Entsprechung. Bei *meam – meine* rundet sich ein erster Satzabschnitt ab. Der melodische Höhepunkt wird bei *Deus meus – mein Gott* wieder aufgegriffen und steigert sich emphatisch bei *meus!* Diese Anrede ist – der emotionalen Lage entsprechend – intensiv und auf der Höhe verbleibend.

Bei *in te confido – auf Dich verlasse ich mich* wird das wichtige Beziehungswort *te* herausgestellt durch die einzelne, gegenüber ihrer Umgebung höher gestellte Note; der Akzent von *confido* erhält eine bewegte Neume, die schon deutlich hinzielt auf das *non – nicht*, das sehr siegessicher daherkommt. Bei *erubescam – beschämt* schwingt der erste, ganz persönlich gehaltene Satz ruhig aus. Die Festigkeit des Vertrauens kehrt im zweiten Satz (*neque irrideant me inimici mei – und meine Widersacher sollen mich nicht verhöhnen können*) wieder und wird dort durch das Insistieren der Melodie auf der hohen Note wirksam unterstrichen. Im dritten Satz erfährt das Vertrauen des Psalmisten, das ja nun universale Dimension erhält, durch den neuen Aufschwung der Melodie über *te exspectant – auf Dich harren* eine musikalisch ausdrucksstarke Verdichtung. Dieses Vertrauen wird gar unterstrichen durch die drei breit gesungenen Töne auf der Endsilbe von *exspectant*. Schließlich entspannt sich der ganze Satz in der Sicherheit und Gelassenheit der Hoffnung auf den kommenden Retter als Wegbegleiter durch das Jahr. Sie wird musikalisch durch eine unauffällige, ausschwingende Umspielung des Schlusstones verdeutlicht.

Zusammenfassung

Einer Entwicklung des ersten Satzes zur Höhe mit großen Sprüngen folgt im zweiten Satz das Insistieren auf der Schlüsselnote (Ténor; do). Eine Ausweitung und Rückführung mit weichen Intervallen bringt der dritte Satz. So ist das Stück insgesamt von einer wunderbaren Harmonie seiner Teile und einer Ausgewogenheit zwischen Wort und Ton geprägt. Außenanlage und Innenbedeutung sind gleichermaßen wohl bedacht und fein ausgestaltet.

Die Antiphon »Illumina«

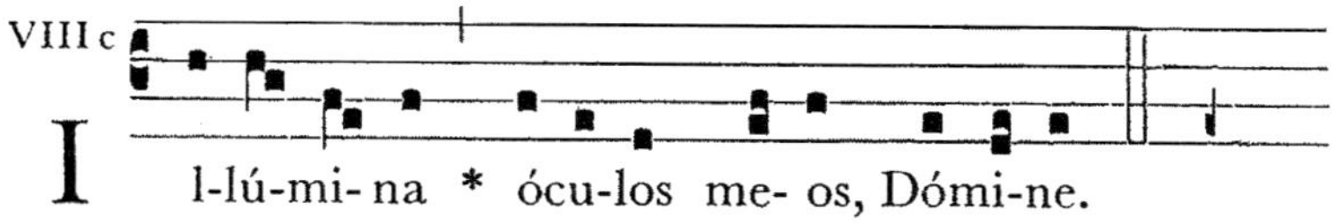

CD 3

Mach licht meine Augen, o HERR!

Usquequo, Domine,
oblivisceris me in finem? *
usquequo avertes faciem
tuam a me?

Wie lange noch, HERR,
vergissest Du meiner denn ganz? *
Wie lang noch hältst Du Dein Antlitz
vor mir verborgen?

Usquequo ponam consilia
in anima mea, *
dolorem in corde meo per diem?

Wie lang noch muss ich in meiner Seele
die Schmerzen tragen, *
in meinem Herzen die Trauer Tag für Tag?

Usquequo ecaltabitur inimicus
meus super me? *
Respice, et exaudi me,
Domine Deus meus.

Wie lange noch darf sich der Frevler
wider mich brüsten? *
Blicke doch her, erhöre mich,
mein Gott!

Exsultabit cor meum
in salutari tuo, *
cantabo Domino qui bona
tribuit mihi.

Möge mein Herz
über Deine Hilfe frohlocken, *
möge ich dem HERRN singen,
der mich mit Gutem bedacht.

Aus Psalm 12 (13)

---

* Die erste Zeile eines Psalmverses erhält beim singenden Vollzug zur Markierung der Atempause ein Sternchen (»Asteriskus«). Ist diese Zeile (oder der Text dieser Zeile) für eine Atembewegung zu lange, wird sie durch ein Kreuzchen (»Flexa«) unterteilt.

Die Weisheit hat ihr Haus gebaut, hat ihre sieben Säulen aufgerichtet. Ihr Ruf ergeht:
Kommt, esst von meinem Brot und trinkt von dem Wein, den ich gemischt.

Sprüche 9,1.3.5

Das Glasfenster zeigt uns sieben Säulen aus Kristall in tiefblauer Umgebung, in ihrer Stellung und Länge unterschieden. Gebäude auf Säulen sind in der menschlichen Erfahrung immer zurückgebunden an eine Welt, der sich unsere Welt verdankt. Mit ihrer Basis, ihrem Schaft und ihrem Kapitell sind Säulen Bäumen ähnlich, die im Wurzelbereich verankert sind, mit ihrem Stamm zwischen Himmel und Erde stehen und mit ihrer Krone Kontakt zum Oben suchen. Das kristallklare, weiße Licht weist hin auf den Ursprung des Lichtes vor aller Farbvielfalt. Das Blautürkis der Umgebung vertritt Ruhe und Geistigkeit. Dabei ist die Siebenzahl ein Zeichen der Vollständigkeit und Ganzheit. Sie will sagen, dass das Haus der Weisheit einen festen, verlässlichen und stabilen Grund hat.

O Weisheit, hervorgegangen aus dem Mund des Höchsten, die Welt umspannst Du von einem Ende zum andern, mit Kraft und Milde ordnest Du alles; nun komm, uns zu lehren den Weg der Einsicht.

Nun komm und lehre mich einzusehen,

dass Du als der Höchste im Himmel meinem Leben Form und Richtung geben kannst,
dass Du Deine Schöpfung als Mitteilung an uns gemeint hast,
dass der auf Dich ausgerichtete Mensch der kluge Mensch ist.

Textdeutung

Eine kurze, eine wesentliche, eine dringliche Bitte! Sie geht von der Erfahrung aus, dass das Dunkel uns ängstigt, weil es uns orientierungslos macht, dass ein Leben, das sich im Halbdämmer der Schatten verflüchtigt, das nur Trübsinn kennt, uns sinnlos erscheint. Der Grieche hatte für diese Welt einen Ort, den Hades, der auch der Ort des Vergehens und Vergessens war. Die Notwendigkeit der Erfahrung des Lichtes für unsere Wesensbestimmung führt zur Haltung von Hoffnung und Perspektive. Lichtorgan sind die Augen. Wer könnte das besser ausdrücken als Goethe: »Wär nicht das Auge sonnenhaft, die Sonne könnt es nie erblicken; läg nicht in uns des Gottes eigne Kraft, wie könnt uns Göttliches entzücken?«

Auf vielen Bildern der Antike und auch noch des hohen Mittelalters können wir Menschen sehen, deren Augen wie große runde Bälle sind, viel größer als es das Maß der Physis zulässt. Mir steht vor Augen die Szene der Hirten in der Weihnacht an den Holztüren von Maria im Kapitol in Köln (Abb. S. 106). Die Gesichter sind horizontal ausgerichtet, die Augen übergroß als Halbkugeln gestaltet, die wie das Bild der Halbkugel des Firmamentes geformt sind. Diese sind ganz ausgerichtet auf die nächtliche Lichterscheinung.

Und doch greifen wir zu kurz, wenn wir den Text nur auf die Wahrnehmung des äußeren Lichtes beziehen. Mit der Bitte der Antiphon verbindet der Sänger auch die Erfahrung, dass wir, um wirklich leben zu können, ein inneres Licht brauchen. Wer könnte uns dies besser nahe bringen als Menschen, die physisch blind sind? Ich denke hier besonders an das wunderbare Buch »Das wiedergefundene Licht«, in dem der blinde Franzose Jacques Lusseyran dieses innere Licht als für sich existenziell wichtig und Lebensnot wendend beschrieben hat.

Es mag Leser geben, die sich an dem Wort »Herr« stoßen und mit diesem keine positiven Erfahrungen verbinden. Aber vielleicht hilft eine Suche nach den Ursprüngen dieses Wortes, über diesen Anstoß hinwegzukommen. Dem Mose nannte einst am brennenden Dornbusch Gott seinen Namen. Die frommen Juden schrieben diesen Namen durch vier Buchstaben auf, das Tetragramm. Wir übersetzen es in der Regel mit »Ich bin der, der immer bei dir und da ist«. Beim Lesen aber wurde dieser Name aus Ehrfurcht vor dem Gottesnamen durch eine andere Bezeichnung ersetzt: »Adonai – der Herr«. Dieses Wort »Adonai« übersetzten die Griechen in »Kyrios«, die Römer in »Dominus« und Martin Luther in »Herr«. Wenn wir so diese Übersetzungslinie zurückverfolgen, können wir erkennen, dass mit dem Herrn nicht jemand gemeint ist, der herrisch oder machtbesessen ist und willkürlich handelt, sondern dass dieses Wort für die Menschenfreundlichkeit Gottes steht.

Musikalische Betrachtung

Der Eindringlichkeit und Inständigkeit der Bitte entspricht musikalisch der Einsatz der Melodie auf dem höchsten Ton des kleinen Stückes. Im Gegensatz zu anderen Antiphonen entsteht daraus im Gesamten nur ein abspannender Halbbogen. Ein wiederholtes Sprechen dieses Textes – auch langsamer als üblich – oder ein Versuch, durch ein emphatisches Sprechen die Sprachmelodie zu entdecken, wird diese Feststellung bestätigen. Die äußere Gestalt des Textes ist klar: vier Worte mit einer eindeutigen Betonungsverteilung: *illúmina óculos méos, Dómine.*

Gewahren wir als Nächstes, dass die Melodie diesen Akzentaufbau genau nachhört und berücksichtigt. Der Akzent *il-lú-mina* wird mit zwei Tönen bedacht, die am höchsten Punkt der Melodie liegen. Der nächste Akzent *ó-culos* ist mit einem Ton versehen, der gegenüber seiner Umgebung höher liegt, der Akzent *mé-a* erhält wie das *il-lú-mina* zwei Töne. Das *Domine* bringt die Bitte zur Ruhe und Rundung des abwärts geführten Gesamtbogens. Warum nur erhält dann die unbetonte Silbe *il-lú-mina* auch zwei Noten? Derjenige, der alle Facetten des Textes durch tausendfaches Sprechen mit dem Mund und Hören mit den Ohren, – eben nicht durch Lesen mit den Augen! – wahrnimmt, bemerkt, dass Akzente eine Sogwirkung haben. Um die unbetonte Silbe *illú-mi-na* vor diesem Sog zu schützen, setzt der Sänger auch für diese Silbe zwei Töne, die aber tiefer liegen als die beiden des Akzents und leicht und zügig gesungen sein wollen. Die Sinnspitze des kleinen Satzes zielt nicht auf *oculos*, sondern auf *meos*. Diese wird in der Melodie dadurch deutlich, dass sie in ihrem Abwärtssteigen die Richtung umkehrt bei gleichzeitiger Berücksichtigung der Akzentsilbe bei *mé-os*. Die unbetonte Silbe *mé-os* gerät so nicht mehr in diesen Sog, da sie Endpunkt des Satzteiles ist. Das *Domine* als nachgestellte Anrede prägt den klaren Akzent bei *Dó-mine* aus, besorgt den Sogausgleich durch zwei Töne bei *Dó-mi-ne* und landet dann entspannt auf dem Grundton (Finalis) der Antiphon.

Je häufiger wir das kurze Liedchen betrachten und auf den Lippen tragen, umso besser werden wir erfahren können, dass wir einen kleinen Diamanten entdeckt haben, der so kunstvoll wie einfach gebildet ist, der – und das möge der Leser durch wiederholtes Singen selber erproben – den Text zum Blühen bringt, weil er ihm äußerlich und innerlich große Ehrfurcht entgegengebracht hat und keinen Ton gegen die Natur der Worte setzt. Nur deswegen hat er, denke ich, nach mehr als tausend Jahren immer noch nichts eingebüßt von seiner Kraft, die dem Verdruss durch häufiges Wiederholen durch seine diamantene Qualität der äußeren und inneren Gestalt wiedersteht. Es kann damit fürwahr ein lebenserprobtes und Lebenserfahrung aussingendes Lied für uns werden, ein Mantra, das uns täglich begleiten will, damit wir nicht »aus dem Licht fallen«.

Der Hymnus »Conditor alme«

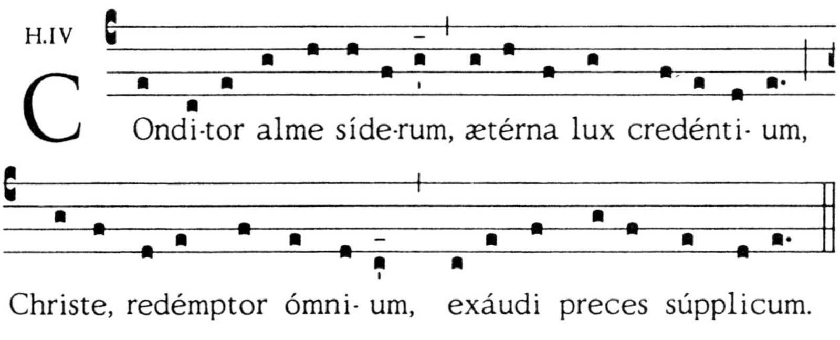

▸ CD 4

Conditor alme siderum	Du gütiger Schöpfer der Sterne,
aeterne lux credentium	Du ewiges Licht der Glaubenden,
Christe Redemptor omnium	Christus, Erlöser aller Welt,
exaudi preces supplicum.	erhöre die Bitten der zu Dir Flehenden.

Qui condolens interitu
mortis perire saeculum

salvasti mundum languidum,
donans reis remedium.

Du warst traurig darüber, dass die Welt
durch die Vernichtung des Todes
zugrunde geht,
Du hast deswegen die sieche Welt geheilt
und gabst den Sündern das Mittel zum Heil.

Vergente mundi vespere
uti sponsus de thalamo,
egressus honestissima
Virginis matris clausula.

Zum Abend neigt sich schon die Welt;
wie ein Bräutigam aus seinem Gemach
kommst Du aus dem ehrbarsten Schoß
der Mutter und Jungfrau.

Cuius forti potentiae
genu curvantur omnia,
caelestia, terrestria,
nutu fatentur subdita.

Vor Deiner starken Herrschaft
beugen sich alle Knie,
himmlische und irdische Mächte
bekennen sich untertan auf
Deinen Wink hin.

Occasum sol custodiens
luna pallorem retinens
candor in astris relucens

certos observat limites.

Die Sonne hält sich an ihren Untergang,
der Mond behält seine Blässe,
der lichte Glanz scheint in den
Sternen wider,
alle achten sie die Grenzen,
die Du ihnen setztest.

Te deprecamur, hagie,
venture iudex saeculi
conserva nos in tempore,
hostis a telo perfidi.

Dich bitten wir, Allheiliger, der Du
einst als Richter der Welt wiederkommst,
bewahre uns in der Zeit
und wehre ab das Geschoss
des bösen Feindes.

Sit, Christe, rex piissime,
tibi Patrique gloria
cum Spiritu Paraclito,
in sempiterna saecula. Amen.

Dir, Christus, König voller Güte,
und dem Vater sei die Ehre,
zusammen mit dem Tröster Geist,
in alle Zeit und Ewigkeit. Amen.

Textdeutung

Der Hymnus stammt von einem unbekannten Autor des 9. Jahrhunderts. Der Aufbau jeder seiner Strophen ist gekennzeichnet durch einen klaren Versaufbau: Jede (Doppel)-Zeile besteht aus zweimal vier Jamben, einem Versfuß, der gekennzeichnet ist durch den Betonungsaufbau »kurz-lang« bzw. »unbetont-betont«.

Dieser Hymnus, der von Thomas Müntzer 1523 ins Deutsche übertragen wurde, hat in den katholischen und evangelischen Gesangbüchern als Kirchenlied »Gott, Heilger Schöpfer aller Stern« Eingang gefunden.

Der Hymnendichter stellt uns eine ähnliche Situation vor Augen, wie es der Introitus tut. Er nimmt seinen Ausgangspunkt vom Anblick des nächtlichen Sternenhimmels, der wie keine andere Naturerscheinung bis auf den heutigen Tag die Grundhaltung für den Hymnus als Preislied liefern kann: das Staunen. Die Weite des Raumes und die Vielzahl der Lichter ergreifen jeden, der sich auch nur etwas die Fähigkeit der Bewunderung erhalten hat. Auch für den Dichter ist diese Haltung der Ausgangspunkt seines Liedes. Der staunende Dichter nimmt aber mit dem Nachthimmel zugleich den Schöpfer in Augenschein, der dieses Werk in Gang gesetzt hat. Aber er fügt diesem *Cónditor – Schöpfer* gleich noch ein Adjektiv hinzu, das so gar nicht zu einem so großen und mächtigen Schöpfer passt, der die ganze Himmelsweite erschaffen hat. Das Wort *alme* meint: nährend, wohltätig, segensspendend, labend, erquickend und trifft damit eher auf eine Mutter zu als auf einen männlich-kräftigen Schöpfer. So kommt aber durch diese Wortwahl des Dichters das Väterlich-Mütterliche Gottes in Anrede. Daraus spricht die tiefe Überzeugung, dass der kraftvolle und große Schöpfer des Weltalls sein Werk vor allem aus Güte zu uns und zu unserem Wohlergehen geschaffen hat, nicht geschaffen dazu, dass wir es verzwecken und ausbeuten, sondern durch Staunen als Mitteilung Gottes erfahren mögen. Und er fährt in seiner Analogie »Schöpfung-Schöpfer« fort und sieht hinter dem strahlenden Licht der Gestirne das ewige Licht selbst, das dem Gläubigen in der Nacht seines Unglaubens aufleuchtet. Auch die dritte Zeile preist und redet persönlich den Christus, den Erlöser an, der ja in der tiefsten Nacht geboren werden wird. An Ihn ergeht in Erwartung seiner neuen Ankunft die Bitte: Erhöre!

In der zweiten Strophe geht der Hymnendichter wieder von einer alltäglichen Erfahrung aus, die wir alle im November und Dezember machen: Die Tage werden immer kürzer. Wenn es so weitergeht, dann ist irgendwann nur noch Nacht und Dunkel. Diese Finsternis wird in der Symbolsprache aller Kulturen mit dem Tod gleichgesetzt. Schon der griechische Hades als Reich der Schatten stellt eine Welt dar, in der es kein Licht gibt. Die Erfahrung der Sonnenwende im Winter hat deswegen auch in allen Kulturen und Religionen zum Feiern Anlass gegeben. Die Römer feierten an diesem astronomischen Datum ihren Gott »Sol invictus« und die frühen Christen übernahmen diesen Termin, um ihr Licht Christus zu feiern. Mit diesem neuen Licht Christus in Erwartung können wir nun auch unser eigenes Gefangensein in Sucht (das Wort »Sucht« kommt nicht von »suchen«, sondern von »siech«) und Absonderung (das meint das Wort »Sünde«) aufbrechen lassen.

Strophe drei und vier sind Einladungen des Dichters, sich die objektiven Heilstatsachen des Glaubensbekenntnisses (»Für uns Menschen und zu unserem Heil ist er vom Himmel gekommen, hat Fleisch angenommen durch den Heiligen Geist von der Jungfrau Maria und ist Mensch geworden« und »Er sitzt zur Rechten des Vaters und wird wiederkommen in Herrlichkeit ...«) subjektiv und empfindungsgemäß im gesungenen Lied anzueignen. Der Dichter verwendet deswegen nicht theologische Begriffe, sondern eingängige und anschauliche Bilder. So regt der Hymnus uns dazu an, zu staunen und die Bedeutung der Ereignisse für uns selbst zu meditieren. Die Geburt Christi wird also vom Hymnendichter nicht diskursiv verhandelt, debattiert, historisch untersucht oder einer wissenschaftlichen Betrachtung unterzogen. Das mag vielleicht interessant sein, als Nahrung und segensspendende Gabe kann es uns nicht dienen. Hier im Hymnus geschieht der Umgang mit der Heilsgeschichte unter persönlicher Einbeziehung des Einzelnen, staunend und unter der Grundhaltung: der Inhalt der Theologie sind Wunder!

Dem *Abend der Welt* in der dritten Strophe liegt die Erfahrung der Abnahme des Tageslichtes zugrunde. Christus als Bräutigam, der Mutterschoß als Brautgemach, das sind Bilder, die bei jedem einen Empfindungsimpuls wecken. Selbst die beiden Begriffe *Mutter* und *Jungfrau*, die die Biologie überhaupt nicht zusammenbringen kann, sie werden vom Dichter direkt nebeneinander gesetzt, im Lateinischen ist da nicht einmal ein Komma dazwischen.

Da erschien dem Moses der Engel des Herrn in einer Flamme, die aus einem Dornbusch emporschlug. Er schaute hin: Da brannte der Dornbusch und verbrannte doch nicht. Moses sagte: Ich will dorthin gehen und mir die außergewöhnliche Erscheinung ansehen. Als der Herr sah, dass Mose näher kam, rief Gott ihm zu: Mose, Mose! ... Ich habe das Elend meines Volkes in Ägypten gesehen. Ich bin herabgestiegen, sie der Hand der Ägypter zu entreißen.

Da antwortete Gott dem Mose:
Ich bin der »Ich-bin-da«.

Exodus 3,2-4,7 f.

Das Glasfenster zeigt uns einen Kristall, in den die vier hebräischen Buchstaben eingraviert sind, mit denen Gott dem Mose seinen Namen kundgibt: *Ich bin da.* Die rote und orangefarbene Umgebung weist hin auf Wärme, auf die glühende Hitze der Wüste, auf die züngelnden Flammen des brennenden und doch nicht verbrennenden Dornbusches, auf ein spektakuläres Naturereignis am unwirtlichen Ort, abseits jeden Trubels, das über das Staunen zum Mitteilungsmedium wird.

O Adonai und Führer des Hauses Israel,
der Du Mose in der Feuerflamme des Dornbusches erschienen bist
und ihm auf dem Sinai das Gesetz gegeben hast:
Nun komm und erlöse uns mit erhobenem Arm.

Nun komm
und handle auch in meiner Geschichte und erweise dich als der Treue,
gib mir deinen Namen und meine Sendung kund
und befreie mich von der Angst und erwecke mir neue Lebensenergie.

Aber es geht ja hier auch nicht um einen biologischen Sachverhalt, sondern um die innere Haltung Marias dem Worte Gottes gegenüber, das der Engel überbringt. Diese innere Haltung dem Wort Gottes gegenüber ist auch der fruchtbare Boden für den Hymnensänger, der uns einlädt, mit seinem Gesang, uns auch selbst in diese Haltung einzuüben, uns mit unvoreingenommener Bereitschaft dem Worte Gottes, wo immer es uns trifft, zu öffnen.

Die vierte Strophe besingt diesen auf der Welt erscheinenden Christus als Allherrscher. Mit dieser Aussage zielt der Dichter zunächst auf seine Zeitgenossen, die sich in der Antike von Schicksalsmächten und von Auguren und den Deutern der Sternbilder knechten ließen. Er weiß, dass nur derjenige wirklich frei machen kann, dessen Macht nicht gebrochen werden kann. Wenn wir in die Gazetten und einschlägigen Zeitschriften mit ihren Horoskopen schauen, die heute massenhaft Verbreitung finden, könnten wir versucht sein, den Hymnus sehr modern zu finden. Wenn aber die Sterne nicht autonome Mächte der Natur sind, sondern wir sie begreifen als unter dem Wink des Schöpfers Stehende, verlieren sie ihre angstmachende und Abhängigkeit heischende Macht.

Die fünfte Strophe des Hymnus ist nicht in den Gottesdienst übernommen worden und erscheint deswegen auch nicht als Strophe im Kirchenlied. Hier ist sie angefügt, weil sie, wie die vierte, gegen eine auch heute noch aktuelle Haltung der Schicksalsgläubigkeit in Abhängigkeit von Dingen der Natur gerichtet ist, sei es durch höriges Befolgen der Anweisungen von Auguren, sei es durch ein Abhängigmachen unserer Entscheidungen von dem Stand der Sterne. Unser Hymnendichter setzt vor oder besser hinter all die Dinge der Natur den gütigen Weltenschöpfer, bei dem sie alle gut – und zwar im doppelten Sinn des Wortes – aufgehoben sind. Dadurch ist ihnen alle Bedrohlichkeit genommen, die sie nur dann besitzen, wenn wir sie als selbständig-autonome Wirklichkeiten verstehen.

In der sechsten Strophe fällt uns auf, dass plötzlich im lateinischen Text ein griechisches Wort erscheint. Der Titel *hagie – heilig* ist griechischen Ursprungs und hat sich als in der gewohnten täglichen Anredepraxis der Gläubigen bis lange nach der Umstellung der Kultsprache vom Griechischen ins Lateinische erhalten. Diese Strophe weitet den Blick über das weihnachtliche Geschehen der Ankunft des Christus hinaus auf sein zweites Kommen am Ende der Zeiten und fügt für die Zeit, in der wir nun leben, die dringenden Bitten an, er möge uns bewahren vor Unheil und er möge den ständig lauernden Widersacher abwehren.

Musikalische Betrachtung

Die Melodie des Hymnus ist sehr einfach und doch kunstvoll gebaut. Sie gliedert sich in zwei Zeilen, die je einen Wellenverlauf nachzeichnen und sich in den jeweiligen Zeilenhälften spiegelbildlich verhalten. In der ersten Zeile erreicht der erste Halbvers dabei eine Tonstufe, die über dem Niveau des Beginn- und des Schlusstones liegt. In der zweiten Zeile erreicht der Halbvers eine Stufe, die unter diesem Niveau liegt. So pendeln sich die beiden Wellen harmonisch auch in größere Bögen aus. Die ausgeglichen geführte Melodiebewegung springt selten (höchstens mit Terzen), sondern bewegt sich hauptsächlich in Schritten. Der Melodieumfang ist mit sechs Tönen von jedem ohne Anstrengung zu singen. Es ist interessanterweise derselbe Umfang, den z.B. auch das Kinderlied »Alle meine Entchen« aufweist! Der Künstler hat für die Tonart der Melodie einen Modus gewählt, der in der mittelalterlichen Überlieferung als der Ton des inneren Erlebens und des eindringlich bittenden Gebetes gilt und der »harmonikus« genannt wird. Wir nähern uns am besten dieser Melodie, wenn wir sie zunächst wiederholt hören, dann versuchen, mitzusummen und nach dem Vertrautwerden mit der stets gleichen Melodie vielleicht auch in das Mitsingen des Hymnus mit seinem Text einsteigen. Beobachten wir dabei stets, wie es uns nach den Übungen geht.

2. STATION

Der zweite Advent –
Die Sehnsucht nach Heil und Heilung

Du, Volk auf dem Berg Zion, schau,
der HERR wird kommen, die Völker zu heilen
und der HERR macht die Wucht Seiner Stimme
in der Freude eures Herzens kund!

Psalm

Der Du Israel weidest, höre,
der Du Josef hütest wie Schafe.

Der Introitus »Populus Sion«

Cf. Is. 30, 19. 30; Ps. 79 CD 5

Textdeutung

Am zweiten Adventssonntag, an der zweiten Station unserer Erwartungszeit, ist alles anders als am ersten Advent. Nicht ein einzelner Sänger tritt vor, der von sich und seinen Empfindungen und Erfahrungen mit seinem Gott erzählt. Vor unseren Augen steht ein Herold, der in eindringlichen Worten eine konkrete Gemeinschaft am genau bestimmten Ort mit auffordernder Direktheit anredet und eine Vision mitteilt. Nicht im Sinne trivialastrologischer Bestimmtheit, auch nicht im Sinne einer Vorhersage von äußeren Ereignissen, die zu einem bestimmten Zeitpunkt eintreten, aber dafür deutlich aus einer eigenen Erfahrung geboren. Seine Vision zielt auf ein doppeltes: Auf die Sehnsucht nach universaler Erlösung aller Völker wie auf die Freude im Herzen. Beide Ereignisse aber sind ganz woanders beheimatet als draußen im Objektiven, sie zielen auf unsere Mitte.

»Du, Volk auf dem Zion, schau!« Geht das mich überhaupt an? Wenn wir den Text nur historisch begreifen, kaum. »Zion« steht zunächst für eine Gemeinde, die sich aus den gemeinsamen Erfahrungen der Ergriffenheit durch die Nähe Gottes im Tempel speist. In diesem Bild können auch wir uns wiederfinden, wenn wir den Tempel Gottes in Jerusalem als Bild unserer eigenen Seele deuten, in der Christus durch die Taufe Wohnung genommen hat. Die Gemeinde sind dann alle jene, die ihre Lebenserfahrungen mit Ihm, ihre Empfindungen und ihr Ergriffensein vom Unfassbaren und doch Nahen einander mitteilen, austauschen und dadurch zur Gemeinde wachsen.

Es wird nicht unbedeutend für unser Textverständnis sein, dass wir das »um die Völker zu heilen« bei dem Propheten Jesaja nicht finden. Dort ist im Gegenteil von »um die Völker zu vernichten« die Rede. Unser Introitustext ist also von seinem Verfasser an entscheidender Stelle verändert worden. Dieser liest den Text des Alten Testamentes nicht wörtlich und sklavisch auf den Wortlaut hin fixiert, sondern interpretiert ihn und bezieht ihn auf das Heilsereignis des ankommenden Christus, dem es nicht um Vernichtung von Völkern geht, sondern um die Heilung und Erlösung, also darum, dem Menschengeschlecht und jedem Einzelnen durch die Ankunft hier auf der Erde seine paradiesische Königsperspektive zurückzugeben. Diese Perspektive wird nicht festgemacht an einem zukünftigen Ereignis und einem Planziel, sondern an etwas ganz Unvorhergesehenem: an der Freude unserer Herzen. Das heißt doch: Der Herr macht die Wucht seiner Stimme nicht hörbar mit waffenklirrendem Getöse, nicht im Blitz und Donner endzeitlicher Katastrophenszenarien, sondern – geht es eigentlich noch bescheidener und wirkungsvoller? – bei uns im Herzen, bei jedem von uns im Innersten der unmittelbaren Empfindungen, in den tief verborgenen Goldadern eines jeden von uns. So können wir, indem wir dem Text nachsinnen, aufmerksam werden auf das, was die Augen des Herzens sehen und des Freudefunkens in unserem Herzen gewahr werden: Das sind die Ankunftssignale des Herrn, der unsere Rettung will.

Wie können wir sie finden? Gehen wir auf Entdeckungsreise, wo die »Freude des Herzens« wachsen und spürbar werden kann: Schauen wir einer Libelle oder einem Schmetterling nach, hören wir auf das Rauschen der Bäume im Wald, hören wir das Schlagen von Meereswogen, betrachten wir den in die Vase gestellten Barbarazweig, als wäre er unser Bruder. Hören wir gute Musik, schauen wir im Museum ein uns liebgewordenens Bild an, lesen wir Gedichte. Rainer Maria Rilke hat das so gesagt: »Ich finde Dich in allen diesen Dingen, denen ich gut und wie ein Bruder bin.« Unser Gesang zur Innewerdung am zweiten Advent lehrt uns, religiöse Anstöße nicht immer innerhalb allgemeiner Vereinbarungen zu suchen, sondern dort, wo das Einsamste und Eigentümlichste von uns in Frage steht. Wir werden dieser Grundhaltung der Freude an Weihnachten wieder begegnen: in der Freude der Hirten und in der Freude der drei Sterndeuter aus dem Morgenlande.

Musikalische Betrachtung

Wir nähern uns der Melodie des Introitus zunächst wieder durch ein- oder mehrmaliges absichtsloses Hören des gesamten Liedes. Beim zweiten Hören mögen wir kleinerer Einzelheiten ansichtig werden und sie wie Blumen auflesen. Wir werden aufmerksam auf den einzigen in diesem Stück so großen Sprung bei *ecce – schau*, der uns erst so recht auf die nachdrückliche Eindringlichkeit des Herolds hinweist. Beim weiteren Hören werden wir gewahr, dass sich im zweiten Satz ab *faciet – er macht kund* die Melodie deutlich intensiviert und Höhenkraft gewinnt. Hier wird der melodische Bogen deutlich weiter gespannt als in den rahmenden Sätzen. In dieser Phrase liegt eine große Kraft und das intensive, emphatische Drängen der Sprache des Herolds bekommt hier seine musikalische Entsprechung, vor allem dann, wenn es um die *Wucht Seiner Stimme* geht. Sie ist eben nicht laut, aber unüberhörbar intensiv. Fast die gesamte Textzeile findet ihren melodischen Platz im hohen Tonbereich.

Unser Hören wird sich nun weiter differenzieren können: die weiche und fließende Linienführung bei *salvandas gentes – um die Völker zu heilen*, die eindringlich breite Setzung des Wortes *gentes* durch die gedehnte Singweise: Es geht um *alle* Völker!

Bei *laetítia – Freude* fällt uns die für unsere Ohren scheinbar übertriebene Berücksichtigung der letzten Silbe *laetíti-a* auf. Aber hier können wir uns wieder in aller Deutlichkeit vor Augen führen lassen, wie behutsam unser Sänger-Komponist sich dem Wort nähert: Es bekommt, so wie er es bewegt, eine wohlbedachte Abrundung und kann so abgegrenzt werden gegen die nächste Worteinheit *cordis vestri – eures Herzens*. Diese ehrfürchtige Behandlung des Wortes begegnet uns auch bei *Dominus*.

Bei einem weiteren Hören können wir nach dem Blick in die Einzelheiten auch wieder größere Felder überblicken und unser Ohr der Gesamtanlage öffnen. Die einzelnen Schlusswendungen eines jeden der drei Sätze (*gentes, suae, vestri*) sind identisch gestaltet, die mittlere Wendung aber wird von dem bereits erwähnten Höhenzug des *gloriam vocis – die Wucht der Stimme* mitgerissen, bleibt in sie einbezogen und kann deutlich die Zielrichtung und die Sinnspitze des Textes musikalisch verdeutlichen: es geht um Seine, um des Herrn Stimme, für deren Vernehmbarkeit wir uns disponieren müssen.

Wo nun der Blick sich beim Hören auf die Gesamtanlage richtet, mögen wir auch den ähnlichen Beginn eines jeden Satzes erkennen: Es ist jeweils ein (Quart-) Sprung nach oben: *pópulus – Du Volk*, *audítam – macht bekannt* und *laetítia – Freude*. Dessen Gestaltung ist jedoch von Mal zu Mal verschieden, deutlich und bewusst je auf das einzelne Wort bezogen: Bei *pópulus* trifft der Sprung auf den Akzent des Wortes, bei *audítam* auf die Silbe vor dem Akzent, um die Weiterführung auf den Höhenzug des zweiten Satzes einzuleiten und bei *laetítia* wieder auf dem Akzent mit einer kleinen Variation der zwischen den Sprung gesetzten Note.

So ergibt sich nun zunehmend ein deutliches Bild von einem Introitus, der ein wunderbar abgerundeter Organismus aus drei Sätzen ist, deren erster und letzter einen gemeinsamen Beginn und einen gemeinsamen Schluss und eine gemeinsame Höhenebene aufweisen, deren zweiter aber, im Anfang und Ende den Rahmensätzen verbunden, Höhe entfalten und im Gesamt als Mitte eines wohltuenden größeren Bogens wirken kann. Musikalisch ergibt sich daraus eine klare Dreiteiligkeit. Eine gute Interpretation wird aber bemüht sein, über den

Einschnitt des dritten Teiles die inhaltliche Zusammengehörigkeit der beiden Sätze hörbar zu machen.

Zusammenfassung

Im Introitus des zweiten Adventssonntages begegnet uns ein in allen Bereichen vom ersten Adventssonntag unterschiedliches Lied. Es ist deutlich geprägt von dem Bild *Zion* bzw. *Jerusalem*. Dies ist übrigens auch für die anderen Gesänge dieses Sonntags zutreffend und kann damit zusammenhängen, dass in Rom der päpstliche Hauptgottesdienst in der Kirche zum Heiligen Kreuz in Jerusalem gefeiert wurde, die sich in der Nähe des päpstlichen Lateranpalastes befindet. Diese Kirche verwahrt eine besonders verehrte Kreuzreliquie. So deutet der Introitus wie auch die übrigen Texte des Sonntags den Erlösungsgedanken des kommenden Heilands vor dem Hintergrund seines Kreuzestodes. Wunderbar werden so die beiden großen Heilsgeheimnisse, die wir im liturgischen Jahr feiern, aufeinander bezogen. So erweist sich unser Introitus als ein Musterbeispiel für seine Aufgabe, ein Impuls zu sein, unserer Heilssituation ansichtig zu werden (hier: Ankunft des Herrn geschieht immer, wenn unser Herz sich freut). Der Introitus mag uns eindringlich einladen, wo immer wir es vermöchten, durch Schauen, Horchen, liebevolles Beobachten, durch Staunen und Bewundern, durch Ergreifenlassen mit den kleinen Dingen dieser Schöpfung in Kontakt zu kommen. Das Begreifen wird unser Herz nicht zur wahren Freude entfachen – allein das Ergriffensein und das Ergriffenwerden vermag dies. Deswegen auch lesen wir den Text nicht nur, sondern singen ihn oder nehmen ihn hörend wahr. So üben wir, unser Erlebtes und Erfahrenes innerlich anzuschauen und zu durchdringen. Dann kann es bei uns Heimat haben, die nicht vergeht. Das gilt auch für das Geheimnis von Weihnachten.

Das Responsorium »Veni ad liberandum«

Ps 79, 3.5.4 ▷ CD 6

Komm, uns zu befreien, HERR, Gott der Mächte.
Zeige uns Dein Antlitz und wir werden geheilt und gerettet sein.
Ehre sei dem Vater und dem Sohne und dem Heiligen Geiste.

Textdeutung

Die zwei kurzen Zeilen entnimmt der Sängerkomponist dem Psalm 79 (80), der ihm auch noch für eine ganze Reihe anderer Lieder des Gregorianischen Chorals im Advent als Vorlage dient. Dieser Psalm ist ja auch mit seiner Heilsperspektive so recht geeignet, auf das ankommende Licht, Christus, hin gedeutet zu werden. Mit seinen zwei Bitten, die das Responsorium enthält, bleibt es nicht im Diesseits stecken, sondern stößt zum existenziellen Kern unseres Wesens vor: Es geht um

Befreiung zum Leben im Licht. So einfach die Worte auch sind, in ihnen steckt eine so ungeheure Dynamik, dass wir ihrer erst gewahr werden, wenn wir die Zeilen oft wiederholen. An anderer Stelle schon haben wir die Übersetzung dieser Verse durch Martin Buber angeführt, die versuchen diese Dynamik auch auf sprachlicher Ebene zu verdeutlichen: »Lichte Dein Antlitz und wir sind befreit.« Wir werden in der großen Sehnsuchtsantiphon »O Radix« genau diesem Bild wiederbegegnen (vgl. S. 87).

Bei fortgesetzter Wiederholung können wir uns immer neu vergegenwärtigen, wie sehr unsere Sehnsucht nach Licht zu unserem Wesen und zu unserer Bestimmung gehört, zur Freiheit der Kinder Gottes berufen zu sein. Doch bleiben Licht und Befreiung nicht Ziele eines autonomen Wesens, sondern sind im Psalmvers hingeordnet auf den, der die Möglichkeit für Licht und Freiheit schafft.

So werden Licht und Freiheit auch in vielen Theaterstücken und Opern verhandelt, die doch nichts anderes sind als ein Gespräch mit Gott (oder den Göttern), deren Bühne als Bild für das sinnvolle Leben und für das Ziel, die Urangst loszuwerden, steht. Mit diesem Gesang auf unseren Lippen geschieht etwas ganz Entscheidendes: Nicht dass wir Ordnung schaffen, sondern in der Form des Psallierens und Respondierens ordnen wir uns ein, wir üben uns ein in eine Ordnung von Gott her. Wir hören in der Muschel des Psalmverses das ganze Meer unserer Bestimmung. Gottfried Benn hat davon viel gewusst, wenn er sein Gedicht »Verse« so beendet:

Zwei Welten stehn in Spiel und Widerstreben,
Allein der Mensch ist nieder, wenn er schwankt,
Er kann vom Augenblick nicht leben,
Obwohl er sich dem Augenblicke dankt.
Die Macht vergeht im Abschaum ihrer Tücken,
Indes ein Vers der Völker Träume baut,
Die sie der Niedrigkeit entrücken,
Unsterblichkeit im Worte und im Laut.

Doch aus dem Baumstumpf Isais wächst ein Reis hervor, ein junger Trieb aus seinen Wurzeln bringt Frucht. Der Geist des Herrn lässt sich nieder auf ihm: der Geist der Weisheit und der Einsicht, der Geist des Rates und der Stärke, der Geist der Erkenntnis und der Gottesfurcht. Er richtet nicht nach dem Augenschein und nicht nur nach dem Hörensagen entscheidet er, sondern er richtet die Hilflosen gerecht und entscheidet für die Armen des Landes, wie es recht ist.

Er schlägt den Gewalttätigen mit dem Stock seines Wortes. ... An jenem Tag wird es der Spross aus der Wurzel Isais sein, der dasteht als Zeichen für die Nationen.

Jesaja 11,1–4.10

Das Glasfenster stellt in seinen Mittelpunkt die zarten, grünen, aufstrebenden und emporwachsenden Zweige und eine blaue Blüte. Das Natürliche des Grün und das Geistige des Blau weisen uns hin auf eine doppelte Gestalt des Lebens. Vor dem Hintergrund des weißen Lichtes kann das Zeichen des Lebens deutliche Konturen zeigen. Um es herum ist eine von diesen Farben abgeleitete Aura gebreitet, die die Wirkmächtigkeit des Zeichens deutlich erkennbar macht. Der Rand mit seinen gelben, sandfarbenen Bildelementen bleibt konturenlos und ist Hinweis auf das Abgestorbene und Tote. Während die Glaselemente des Lebens hochformatig ausgerichtet sind, sind die der Wüste querformatig.

O Spross aus der Wurzel Isais, der Du dastehst als Zeichen für die Nationen, vor dem die Könige ihren Mund verschließen, den die Völker anflehen: Nun komm, uns zu befreien, säume nicht länger.

Nun komm
und belebe neu, was abgestorben ist in mir,
stärke unsere Überzeugung, dass das Leben stärker ist als der Tod,
und lass uns neue Hoffnung schöpfen für eine gute Zukunft.

Musikalische Betrachtung

Uns liegen diese Psalmverse nicht wie bisher als Antiphon vor, die uns vor, zwischen und nach einem Psalm durch ihre Wiederholung Gelegenheit geben kann, das stetig Angesprochene und Ausgesprochene zu vertiefen, zu verinnerlichen und zu ordnen. Vielmehr liegt uns hier mit dem Responsorium breve, dem kurzen Antwortgesang eine Gattung vor, die auf ganz eigene Weise diesem Anliegen der Meditation Rechnung trägt. Dieser sehr alte Gesang hat seinen liturgischen Platz im täglichen Morgenoffizium der Adventszeit. Er ist äußerst einfach und kann schon nach einmaligem Vorsingen nachgesungen werden. Zum einen hält er sich rezitierend auf einer Tonstufe auf, zum andern bildet er eine Melodie aus, der auch viele andere Texte unterlegt werden können (vgl. das Responsorium breve *Ostende nobis*, S. 77) und schließlich trägt auch die Art seiner Ausführung dem genannten Grundanliegen Rechnung.

Hören wir, wie in diesem Responsorium die erste Partie dreimal, der Teil *Domine, Deus virtutum* sogar viermal gesungen wird. Ein weiteres Hören führt uns zur Wahrnehmung des so bescheidenen und doch so wunderbaren Bogens der Anlage, die im wesentlichen nach dem Verfahren »eine Silbe – ein Ton« gestaltet ist. Dazu kommt der wohltuende Wechsel, der aus der Abfolge »Vorsänger – Chor« entsteht. Er erinnert uns an litaneiartige Gesänge. Das Responsorium gehört damit zu den einfachsten Gesängen des Gregorianischen Chorals, ist aber dennoch mit großer Sorgfalt gearbeitet, sowohl was die Textberücksichtigung als auch was ihre Funktion, als gesungenes Mantra dienen zu können, betrifft. Diese uralte und doch einfache Gattung hat im Gregorianischen Choral eine wunderbare Entfaltung erfahren. Das am Beginn des Buches erwähnte Graduale *Tu es Deus* ist im Grunde auch ein responsorialer Gesang, der dort zu höchster künstlerischer Form bei einer gleichzeitigen Haltung tiefster Frömmigkeit aufgeblüht ist. Sein Humusboden aber ist die stetige Wiederholung des einfachen, alles Wichtige für uns enthaltenden Psalmverses.

Der dritte Advent –
Die Sehnsucht nach Freude

Freut euch im HERRN zu jeder Zeit.
Noch einmal will ich es sagen: Freut euch.
Euer gütiges Wesen soll offenkundig sein für alle.
Der HERR ist nahe.
Um nichts macht euch also Sorgen,
tragt in all eurem Gebet eure Anliegen getrost vor Gott hin.

Psalm

Du hast Dein Land, HERR, begnadet,
Du hast die Gefangenschaft Jakobs beendet.

Der Introitus »Gaudete«

▸ CD 7

Textdeutung

Nach dem Psalmwort am ersten Adventssonntag, nach dem Heroldsruf des Propheten am zweiten, steht heute ein Text des Neuen Testamentes vor uns, ein Abschnitt aus dem Brief des heiligen Paulus an die Philipper. Sein erstes Wort kann uns als Initiale den ganzen Sonntag und dessen Eigenart ansagen: »Freut euch!« Beim ersten Kontakt mag der Text in seinem moralischen, affirmativen und fast imperativischen Duktus uns eher befremden. Das sollten wir als Übende zunächst auch akzeptieren und zulassen. Auch ein erster Eindruck darf seine Gültigkeit beanspruchen, ansonsten bauen sich Widerstände auf. Aber niemand verpflichtet uns, bei diesem ersten Eindruck stehen zu bleiben. Beim zweiten Lesen werden Fragen wach. Was bedeutet das: *»Im Herrn freuen«?* Was bedeutet das: *»zu jeder Zeit«?* Was bedeutet das: *»Um nichts macht euch also Sorgen«?* Drei Fragen, die – wenn wir sie zulassen – uns Tore öffnen, den Briefausschnitt, mit dem sich der heilige Paulus an die Philipper wendet, auch an uns adressiert sein zu lassen. Was *Freude im Herrn* meint, hat der Introitus des zweiten Advents mit der *laetitia cordis* anklingen lassen. Nun ist von *gaudere – sich freuen* die Rede. Diese Haltung – das haben wir auch beim zweiten Advent gesehen – ist Gewinn und Frucht aus absichtsloser Betrachtung, sie erwächst nicht aus Berechnung, Begreifen, zweckfinalem Denken, sie erwächst aus Staunen über die unscheinbaren Dinge. Das sind Betrachtungen und Übungen – es kann auch das Hören von Gregorianischen Gesängen sein – bei denen eine Einübung in eine Haltung stattfindet, in der ich den Dingen gegenüber »gut und wie ein Bruder bin« (R. M. Rilke). Es sind Einübungen in den Gewinn von Vertrauen und in die Erfahrung der Bedeutung der Dinge für uns. Diese Haltung verschließt nicht den Blick vor Elend, vor Krieg, vor Machtmanifestationen, vor Unrecht und Leid. Aber diese wiedergewonnene Vertrautheit, das Vorhandene mit Vertrauen auszuschöpfen, bildet die Grundlage einer Erfahrung, von einem Größeren umgeben und von einem größeren Horizont umfangen zu sein.

In dieser Haltung einer von Dankbarkeit geprägten Offenheit und einer Offenheit aus Dankbarkeit entsteht eine Frömmigkeit, die anders ist als sie ausformulierter Katechismus zeugt. Sie ist der Schlüssel für den Zugang und den Bezug zu einer anderen Welt, auch zu dem, der unser Leben trägt, der uns mit seinem Leben beschenkt. Diese Freude – immer gegenwärtig – vermag ein Unterscheidungsvermögen zu zeitigen, das Kleines und Großes zu unterscheiden weiß. Sie kann eine Goldfolie für uns sein und werden, vor deren Hintergrund alle Dinge dieser Welt ihre Tatsächlichkeit wohl behalten und doch ihre Bedeutung über den neuen Bezug ändern. Was wäre wichtiger, als diese Haltung auch einzuüben gegenüber dem Kind, das da an Weihnachten Kunde vom geschenkten Leben bringt und es selbst ist, zu dem der Bezug immer wieder neu durch unsere Haltung, die äußeren Dinge nach innen zu halten, wachsen kann!

Musikalische Betrachtung

Bei der Betrachtung der Melodie des Introitus wollen wir wieder unseren Ausgang nehmen von einem ganz unprätentiösen, einfach wahrnehmenden Hören, ohne viel nachzudenken. Auch hier ist es möglich: das Äußere des Liedes wahrnehmen und nach innen halten. Wir brauchen hier ja nicht, wie bei so vielen anderen Produktionen, Angst haben, wir würden manipuliert und ideologisiert, und wir brauchen auch deshalb nicht unsere innere Mautstation zu aktivieren, die uns warnt, uns auf das Werk einzulassen.

Wenn wir dieses Hören in einer Grundstimmung erfassen wollen, so ist es der unaufdringliche und ruhige Duktus des Gesanges. Hat uns beim zweiten Advent die wohlgestaltete und übersichtliche Gesamtanlage bei der meditativen Übung zur Erschließung des Gesanges geleitet, so treten hier erst nach und nach durch mehrmaliges Hören der Melodie einzelne Worte genauer und intensiver als andere hervor. Diese Intention der Töne, die in den darüber notierten Neumen vor allem ihren Niederschlag für den Ausführenden finden, trifft sicherlich zunächst auf *semper, iterum* und *nihil* zu, die dadurch den Text eindeutig in seiner Eindringlichkeit unterstreichend interpretieren. Das *semper – immer* ist Höhepunkt eines Bogens, der mit dem gar so unerwartet tiefen *gaudete – freuet euch* beginnt und auch schließt. Verbindungsglieder zwischen den beiden *gaudete* und dem *semper* sind *Domino – im Herrn* und *iterum – noch einmal*. So verbindet also das *Domino* steigernd die tiefe Freude des *gaudete* zum *semper*. Es ist darin eine gesteigerte Zielgerichtetheit ausgesungen, die den Kern der Aussage verdeutlicht: Freut euch – im Herrn – immer! Die Melodie zielt auf *immer.* Die Freude soll uns durch die Begegnung mit dem Herrn eine tief im Innern verwurzelte Grundhaltung werden, der wir nicht mehr verlustig gehen mögen.

Nun folgt eine kleine Überraschung: Ließen wir uns von unserem Empfinden leiten, dann würden wir das *iterum dico – noch einmal sage ich* auch eher ruhiger vortragen, um dann aber mit Emphase das *gaudete* zu singen. Der Gregorianische Choral denkt hier anders. Durch die Rückkehr der Melodie zum Ausgangspunkt des tiefen Beginns will er uns lehren, dass unsere Weihnachtsfreude eine tief innerliche sei. Das Wort *nihil* ist mit großer klanglicher Nachdrücklichkeit gesetzt: Die Akzentsilbe steht auf dem höchsten Ton des Introitus und wird mit zwei Tönen bedacht. Die Nachsilbe erfährt durch die sorgsame Behandlung mit einer Drei-Ton-Bewegung, die auf den letzten beiden Tönen gedehnt auszuführen ist, eine wohlbemessene Abrundung gegenüber dem folgenden *sollicitì.*

Auch die Melodie des zweiten Satzes setzt deutlich zielgerichtete Akzente bei *vestra – eure* und kann damit die gute persönliche Beziehung des Paulus zu seiner Gemeinde herausheben. Auch der Duktus von *omnibus hominibus – allen Menschen* ist hochgeführt wegen der Eindringlichkeit der Textaussage. Dem Wort *nihil* wird der höchste Ton der Melodie zugeteilt. Dadurch kann es deutlich in Bezug treten zum herausgehobenen *semper.*

Bei einem wiederholten Hören kann uns jetzt neben der schon vertrauten Begegnung mit den deutlich hervorgehobenen Worten allmählich auch die Gestalt des ganzen Liedes näherkommen. Hilfreich dazu ist die Beobachtung, dass es einen musikalischen Reim gibt. Die Melodieführungen von *hominibus* und von *solli-citi sitis* sind identisch. Es sind Melodien, die aus der Psalmodie erwachsen sind. Doch kann uns die winzige Abweichung eine dankbare Gelegenheit bieten, die große Aufmerksamkeit des Chorals für Ausgewogenheit und Balance wahrzunehmen und sie den vielen anderen Ehrfurchtsgebärden zuzugesellen, die wir schon kennen gelernt haben. Die eine Wendung schließt mit einer Bewegung nach unten, die andere mit einer Bewegung nach oben. Der Grund für diese geringfügige Änderung liegt in der Rücksicht, hier besser »Vor«-sicht genannten Haltung, auf das zu schauen, was danach kommt. Das *Dominus prope est* schließt höher an, verweilt auch auf dieser Höhe (Tenor) seiner zentralen

Bedeutung wegen, die der Choral aber eher durch reiche Neumen denn durch extreme Höhe herausstellt. Das *sed in omni* dagegen setzt so tief an wie das *gaudete* zu Beginn und endet mit derselben Tonbewegung wie jener erste Satz. Der zweite und der dritte Satz mit seinem Kern und Zentrum *Dominus prope est – der Herr ist nahe* korrespondiert zusammen mit ihrem ähnlichen Schluss, sind in sich auch eher höhenverlagert und berühren die tiefen Töne des ersten und letzten Satzes nur am Beginn bei *modestia.*

So entdecken wir allmählich auch hier ein wohlüberlegtes Setzen von Teilen zu einem ausgewogenen Ganzen, innerhalb dessen die Worte ihre innere und äußere Klanggestalt gemäß ihrer Interpretation erhalten. So stehen alle Elemente im wohl ausbalancierten Dienst einer Aussage, die die Haltung der Freude zu den zentralen Kennzeichen des Menschen zählt, dessen Horizont nicht auf diese Erde begrenzt ist.

Die Antiphon »Jerusalem gaude«

CD 8

Jerusalem, freue dich; freue dich mit großer Freude:
es wird kommen für dich der Heiland, alleluia.

Fidelia omnia mandate eius, + confirmata in saeculum saeculi, * facta in veritate et aequitate.	Verlässlich sind alle seine Gebote, + fest gegründet in alle Ewigkeit * geschaffen in Treue und Gerechtigkeit.
Redemptionem misit populo suo, * mandavit in aeternum testamentum suum.	Er hat seinem Volk Erlösung gesandt * und seinen Bund gesetzt für ewige Zeiten.

Aus Psalm 110 (111)

Textdeutung und musikalische Betrachtung

Das ist zunächst prophetische Verheißung an Israel, aber auch Bild, mit dem jeder direkt Kontakt aufnehmen kann: Jerusalem ist ja für den frommen Juden nicht irgendeine beliebige Stadt. Sie ist ausgezeichnet durch den Tempel, in dem der Gläubige Gott anwesend weiß. In analoger Übertragung dieser Sicht ist es für mich ein Bild für meine Seele, in der mein Gott durch die Taufe Wohnung genommen hat. *Salvator* ist für mich Christus, der in seinem Tod und seiner Auferstehung mir wieder den Zugang zum verlorenen Paradies des ewigen Lebens eröffnet, mich damit heil, vollständig und im umfassenden Sinn wieder ganz als sein Ebenbild herstellt. So hat mein Leben einen unveräußerlichen Anker in der Tatsache, dass Gott in mir Wohnung genommen hat und so ist mein Leben auf eine durch alle Todverfallenheit hindurch sichtbare Perspektive hingeordnet. Beides zeitigt zutiefst innerliche Freude, die auch nach außen sich zu manifestieren versucht, z.B. singend-preisend.

Um die besondere Gestalt der Antiphon zu erfassen, empfiehlt es sich, den lateinischen Text mehrmals, den Klang auskostend, laut zu lesen. Wir erspüren einen zweizeiligen Organismus mit einem klar ausdifferenzierten, vom Atem gesteuerten Sprachbogen. Diesen finden wir wieder bei jedem Vers eines jeden Psalmes. Die dichterische Struktur des Psalmes also ist formbildend, nicht ein autonomer musikalischer Gedanke. Beide Teile sind ihrerseits aus kleineren Bögen zusammengesetzt, die den großen Bogen auf- bzw. abbauen. Der Höhepunkt liegt bei dem Wort *quia – denn*, das als einziges Wort die höchsten Töne und auf beiden Silben Zweinotengruppen enthält. Auf den ersten Blick mag es unverständlich sein, dass der Höhepunkt des Liedes auf diesem Wort liegt. Auf den zweiten aber wird uns klar, dass hier im Text von etwas die Rede ist, das wir nicht begreifen können: Gott wendet sich uns unverdient zu. Bedenken wir, dass die Antiphon nicht lautet: »Der Heiland kommt dich zu retten, also freu dich mal richtig!« Nein! Die Freude ist Erkenntnismittel für die Heilstatsache – weswegen die Antiphon auch mit *alleluia* enden muss.

Sodann wird uns auffallen, ohne dass wir im einzelnen Noten lesen müssen, dass der Verlauf der ganzen Melodie der gesprochenen Rede aufs Genaueste folgt. Die Betonungen der einzelnen Worte finden eine sehr schöne, auf Abwechslung hin ausgerichtete Gestaltung: *Jerusalém* (die hebr. Betonung liegt auf der letzten Silbe!) und *gáudio – Freude* erhalten eine bezüglich ihrer Umgebung relativ höhere Note, die betonten Worte danach *gaude – freude* dich und *magno – groß* sind dagegen mit einer kleinen, zweitönigen Figur versehen. Auch im abspannenden zweiten Teil gilt diese Abwechslung, die besonders schön bei *tibi – für dich* den Abwärtsbogen aufhält und mit der höheren Note bei *tíbi* quasi einen musikalischen Fingerzeig gibt, dass die Heilstat Christi mich persönlich meint. Dazu geben uns die über die Noten gesetzten Neumen aus dem Codex Hartker (vgl. das Bild S. 11) noch wichtige zusätzliche Hinweise: Man male das Zeichen bei *gaude* mit der Hand in die Luft, um zu sehen, dass man beim Singen von *gaude* den Mund weit machen muss: *gaude – freue dich* lässt sich mit zusammengebissenen Zähnen eben nicht singen. Das Zeichen bei *alleluia* gibt einen feinen Hinweis darauf, das *l* singend auszukosten (es ist, was wir schon längst vergessen haben, ein »Halbklinger«).

So wird schon an diesem kleinen Stück deutlich, wie sehr der Choral bis in die feinsten Verästelungen aus dem Wort lebt, wie der Klang des Wortes ihm Formelemente gibt, wie der Sinn des Wortes ihm Ausdruck und Gliederung verleiht und energievoller Rhythmus sich mit abgewogenem Maß paart und so »außen« und »innen« vollständig zusammenstimmen. Ein Lied, das wie ein kleiner Diamant ist, der sich in mehr als tausend Jahren Gesangspraxis nicht abnutzt, der, wenn wir so wollen, als gesungenes Mantra dienen kann. Die Dichterin Marie von Ebner-Eschenbach hat es so formuliert:

Ein kleines Lied, wie geht's nur an,
dass man so lieb es haben kann?
Was liegt darin? Erzähle!
Es liegt darin ein wenig Klang,
ein wenig Wohllaut und Gesang
und eine ganze Seele.

Dies beim häufigen Singen oder auch Hören neu zu erleben ist vielleicht das Erstaunlichste. Offensichtlich ist das wieder vielen Suchenden, die plötzlich durch wiederholtes Kauen die Süßigkeit von Vollkornbrot entdecken, ein Staunen wert, nachdem sie sich lange Jahre von Kost haben abspeisen lassen, die sie nicht nährt. Natürlich ist das Repertoire des Chorals so groß und auch teilweise künstlerisch so hochstehend, dass nicht jeder alles mitsingen kann. Aber verhält es sich nicht auch bei der Ikone so: Es will und kann nicht jeder eine Ikone malen, aber als Glaubensbild hat die Ikone eine bis heute nicht getrübte Aussagekraft. Einmal auf die Fährte gebracht, wird gerade auch mit dem Choral ein inneres Hören wachsen, sodass diese in der Antiphon ausgesungene Freude auch in einem hörenden Lassen mitschwingen kann, ohne dass der vernünftige Kopf mit seinem Verstehenwollen allezeit hinter der Freude herhinkt.

So mag an diesem kleinen Stück deutlich geworden sein, dass der Choral eigentlich gesungenes Gebet eines Wesens ist, das sich verdankt weiß. Wie sagt es Hilde Domin so treffend: »Wir essen Brot, aber wir leben vom Glanz!«

Der Hymnus »Veni Redemptor gentium«

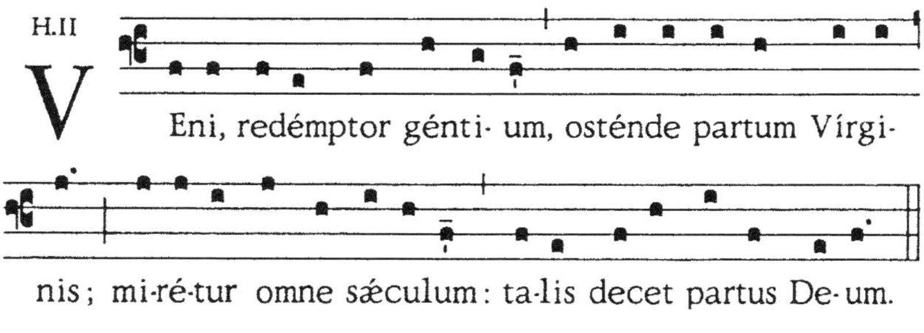

▷ CD 9

Veni, Redemptor gentium ostende partum Virginis; miretur omne saeculum: talis decet partus Deum.	Nun komm, Du Erlöser der Völker, zeige Dich als Sohn der Jungfrau, es staune alle Welt darüber: eine solche Geburt gebührt Gott.
Non ex virili semine, sed mystico spiramine Verbum Dei fact*um* est caro fructusque ventris floruit.	Nicht aus männlichem Samen sondern durch geheimnisvollen Geisthauch wird das Wort Gottes Fleisch und blüht die Frucht des Leibes.
Alvus tumescit Virginis, claustrum pudoris permanet, vexilla virtutum micant, versatur in templo Deus.	Der Mutterleib schwillt an, das Tor der Keuschheit bleibt verschlossen, die Banner der Tugenden strahlen funkelnd: Gott wirkt in seinem Tempel.
Procedat e thal*a*mo suo, pudoris aula regia, gem*i*nae gigas substantiae alacris ut currat viam.	Er tritt hervor aus seinem Brautgemach, dem königlichen Saal der Reinheit. Als Held göttlicher und menschlicher Wesenheit läuft er eilends seinen Weg.
Praesepe iam fulget tuum lumenque nox spirat novum, quod nulla nox interpolet fideque iugi luceat.	Deine Krippe glänzt schon hell und klar und die Nacht atmet ein neues Licht, in das kein Dunkel mehr eindringen kann, das im Glauben, nie versiegend, leuchte.
Sit, Christe, rex piissime, tibi Patrique gloria cum Spiritu Paraclito, in sempiterna saecula. Amen.	Dir, Christus, König voller Güte, und dem Vater sei die Ehre, zusammen mit dem Tröster Geist, in alle Zeit und Ewigkeit. Amen.

Anmerkung: Die kursiv gesetzten Silben sind sog. Elisionen, die nicht gesprochen und gesungen werden.

Textdeutung

Unser zweiter Hymnus ist von dem Kirchenlehrer Ambrosius verfasst (334–397), allerdings nicht speziell für den Advent. Ihn gab es zu Ambrosius' Zeiten in der uns geläufigen Form noch nicht. Er breitet deswegen in seinem Hymnus zunächst die gesamte Heilsgeschichte aus sowohl im Hinblick auf das erste Erscheinen Christi wie auch auf sein zweites Erscheinen bei jedem von uns und auch auf sein Erscheinen am Ende der Zeiten. Das Anliegen des Ambrosius ist, das eher trockene Wort der Theologie in Bilder zu gießen, damit sie als frohe Botschaft von jedem angenommen, gesungen und verkündet werden können. Wir kennen heute den Hymnus meistens in der deutschen Übertragung von Martin Luther als »Nun komm, der Heiden Heiland«. Sein Übersetzungsanliegen trifft sich mit dem von Ambrosius und so hat auch diese Übertragung ins Deutsche dem altkirchlichen Hymnus seinen Weg in die Herzen vieler Menschen gebahnt. Die Melodie, die Luther aus der altkirchlichen Weise gewann, hat in den Bearbeitungen fast aller großen Meister für die Orgel einen bewegenden Widerhall gefunden. Hier in unserem Übungsbuch habe ich eine möglichst wortgetreue Übersetzung gegeben, von der ich meine, sie könnte uns trotz manches heute ungebräuchlich gewordenen Wortes zum Grundanliegen des Hymnendichters führen: immer wieder übend neu das staunende Preisen zu lernen.

Das *veni – komm!* ist ein alter und doch immer wieder neuer Ruf der Sehnsucht. Das Lutherische »nun« macht diese Bitte aber sehr persönlich und eindringlich. Es ist aber nicht einfach (von Luther) so hinzugefügt, sondern es hat mit dieser Eindringlichkeit eine besondere Bewandtnis. Unser Hymnus hat eine erste Strophe, die schon früh wegen ihrer Holprigkeit nicht in die Gesangspraxis Eingang gefunden hat. Sie besteht aus einer Umdichtung des Anfangs von Psalm 79 und endet mit dem Wort *veni*. Die zweite Strophe beginnt auch mit *veni*. Somit singen wir eigentlich *veni – veni*. Eindringlicher kann es hymnisch wohl nicht ausgesungen werden!

Wie es sich für den Hymnus gehört, redet dieser den an, den er preist, nämlich den (wörtlich übersetzt) »Rückkäufer« der Völker, die durch ihre Todverfallenheit nicht dem angehören, was ihr Eigentliches ist. Christus wird hier angeredet als der Erlöser und Befreier aller Menschen, der Titel »Heiland«, der uns auch bei den Sehnsuchtsliedern ab dem 17. Dezember wieder begegnen wird, weist uns auf die Heilung hin, auf die Wiedergewinnung unserer ursprünglichen Wesensschönheit. Die zweite Bitte heischt Klarheit, was es mit der Geburt aus der Jungfrau Maria auf sich hat: Sie ist ein Zeichen, dass das Kind, das sie gebiert, göttlichen Ursprunges ist. Das ist nicht zu begreifen mit dem Verstand, aber ein staunendes Herz kann sich davon ergreifen lassen.

Die nächsten Strophen entfalten die Heilsgeschichte Gottes mit den Menschen in zarten, fast mystischen und doch sehr ausdrucksstarken Bildern. In ihnen herrscht die »Er-Rede«. Eine Deutung aller Strophen würde das Anliegen und den Rahmen unseres Buches sprengen. Deswegen ist es mir wichtig, dass wir für den Duktus unserer Übungen besonders der 6. Strophe intensiver nachgehen.

In ihr kehrt Ambrosius – und Luther muss das sehr recht gewesen sein – wieder zur direkten Anrede zurück: *Praesepe iam fulget tuum – Deine Krippe glänzt schon hell und klar.* Die Betrachtung dieser Zeile ist unendlich wichtig für unsere Übung. Eine beliebige Krippe besteht aus Brettern und leuchtet auch nicht. Das Geheimnis von Weihnachten wird sich erst dann für uns enthüllen, wenn wir die Holzkrippe vergessen und singen können: »Deine Krippe – Du, in Niedrigkeit geborenes Kind, Du, Retter der Welt!« Der in der erbärmlichen Krippe liegende Erlöser bringt die Krippe zum Leuchten und dieses Leuchten geht fortan durch alle Dunkelheiten dieser Welt, seien es Gefängniszellen, Krankenzimmer oder Einsamkeiten. Jetzt steht über der Krippe ein Stern, den wir als Orientierung annehmen dürfen für alles, was wir erleben (vgl. das Sehnsuchtslied »O Oriens« und den Hymnus »Conditor alme«). Unerhört und ungehört ist die Formulierung von Ambrosius: »Jetzt atmet die Nacht ein neues Licht!« Dies kann uns die Angst vor der Macht der Krippen des Alltags und die Angst vor den Kreuzen der Nächte nehmen: »Deine Krippe glänzt hell und klar!« Und Ambrosius schließt mit dem eindringlichen Wunsch für uns, die wir jedes Jahr neu dieses Lektion lernen dürfen: Unser Glaube wird erstarken und blühen und bleiben, wenn wir ihn in dieses Leuchten der Krippe hineinstellen. Angelus Silesius formuliert es so: »Ach könnte nur dein Herz zu einer Krippe werden, Gott würde noch einmal ein Kind auf dieser Erden.«

Musikalische Betrachtung

Da die Hymnusmelodie für alle Strophen dieselbe ist, kann es hier nicht darum gehen, musikalische Entsprechungen zu einzelnen Worten zu finden. Deswegen werden wir bei den Hymnen »nur« die Qualität der Melodie selbst übend zu erfassen und zu erleben versuchen. Lassen wir uns deshalb beim ersten Hören des Hymnus nur von seiner Melodie erfassen und schenken dem Text zunächst nicht unsere volle Aufmerksamkeit. Sie hat eine wunderbare Kraft in ihrer Gesamtheit. Sie teilt sich uns mit, wenn wir zunächst hörend, dann vielleicht mitsummend, ihr langsames Aufstreben zum Höhepunkt in der Mitte und ihr allmähliches Abspannen zum Ende hin erfahren. Es ist ein Einatmen und ein Ausatmen.

Die Höhenausdehnung der Melodie ist genauso bescheiden wie im ersten Hymnus *Conditor alme* (S. 38). Der Anstieg bewegt sich in zwei kleinen Bögen. Der erste Sprung markiert seine geringe und doch deutlich gesetzte Ausdehnung. Der Sprung bekommt seinen natürlichen Schwung durch den dreifachen Anlauf auf der gleichen Tonstufe und dem Ausweichen in den darunterliegenden Ton, dem die Melodie ihre große Kraft verdankt. Die durch den Sprung erreichte Höhe kann die Melodie aufgreifen für die Gestaltung des ganz linear verlaufenden Aufstiegs zum Höhepunkt bei *virginis*. Ebenso organisch empfunden und klar gebaut sind die beiden kleinen Bögen, aus denen sich die zweite Zeile des Hymnus bildet. Wir hören, wie der letzte Abschnitt durch seinen besonderen Schwung auch deutlichen Schlusscharakter bekommt. Die gestraffte Bewegung verbunden mit feierlichem Schwingen ergibt so eine strömende Linie großer Kraft und einfacher Größe. Ein Juwel an Melodie. Kein Wunder also, dass Luther, dem es so sehr um das Singen ging, die Melodie des altkirchlichen Hymnus in seinen wesentlichen Merkmalen übernommen hat.

Bei weiterem Hören können wir den Text mitsprechen, dann ihn auch mit der Melodie verbinden. Am Ende einiger Wiederholungen mögen wir beschenkt werden mit der Frucht des Hymnensingens: Eine neue, ganz persönliche, mit eigener Empfindung verbundene Beziehung zu Weihnachten zu erleben.

4. STATION

Der vierte Advent –
Die Sehnsucht nach neuem Leben

Tauet, ihr Himmel, von oben und ihr Wolken,
lasst regnen den Gerechten.
Die Erde tue sich auf und sprieße den Heiland hervor.

Psalm

Die Himmel erzählen die Herrlichkeit Gottes
und vom Wirken seiner Hände kündet das Firmament.

Der Introitus »Rorate«

▸ CD 10

Textdeutung

Zum vierten Adventssonntag wird uns ein wunderbarer und gegenüber den bisherigen einzigartiger Text geschenkt. Nach der Lichtsehnsucht des ersten Advents, nach dem Heroldsruf zur Herzensfreude des zweiten Advents und nach der Einladung zu beständiger innerer Freude als Grundhaltung des dritten Advents hier ein Text, der die Natur anspricht und sie auffordert. Er bleibt zwar im »Draußen«, bleibt aber nicht im Draußen stehen. Wie in den beiden betrachteten Hymnen aus der Adventszeit sind uns auch hier Bilder aus der Natur vorgestellt, die aber an Bedeutungstiefe gewinnen für jeden, der dem Heroldsruf gefolgt ist und der sich um die Grundbezugshaltung der Freude müht.

Die Bilder sind – wie in den Psalmen, so auch hier – uns allen vertraut. Wir brauchen keine Ausbildung, um sie zu verstehen. Der benetzende Tau, der die hungernde und ausgetrocknete Erde von oben her belebt und erfrischt, erinnert als Bild an das Manna-Brot des Alten Testamentes. Mit der Wolke, die etwas verbergen kann, was doch da ist, verbindet sich immer auch eine Verheißung: Eine Wolke verheißt fruchtbaren Regen, der die wasserlose Wüste zum Blühen und die vertrocknete Erde zum Sprießen bringen kann. Wer je die blühende Wüste mit eigenen Augen hat sehen dürfen, wird dieses Staunen nicht vergessen. Die Portugiesen sagen, wenn sie vom Regen sprechen: »Jetzt fallen Goldstücke vom Himmel.« Wer sich das empfindende Anschauen und das wahrnehmende Bestaunen dieser Naturvorgänge bewahrt hat und mit eigenen Erfahrungen und Empfindungen zu verbinden vermag, ist verbunden mit deren Schöpfer und darf hier immer seiner Freude darüber neue Nahrung geben. Zugleich spricht aus dem Text, den uns der Prophet Jesaja (nicht nur für den heutigen Sonntag) bereithält, eine große, erwartungsvolle Sehnsucht, die sich in der Aufforderung an Himmel und Erde, ihr Werk zu tun, deutlich äußert: der Welt den gerechten Heiland zu bringen.

Dabei fällt auf, dass Jesaja seinen Text in Psalmform kleidet. Sie kann mit den zwei, stets einem Bilderreim folgenden Versen die vorgestellten Bilder – hier des Oben und des Unten – vertiefen und so der Seele eine wohltuende, ihr angemessene und entsprechende Form bieten.

a	Rorate caeli (...)	et	nubes pluant	→	iustum
b	aperiatur terra	et	(terra) germinet	→	Salvatorem.

Diese Beobachtung ist besonders hervorzuheben, da die musikalische Gestaltung des Liedes hier nicht etwa das Illustrative des Bildes aufgreift sondern sich an dem Baugesetz der Psalmodie orientiert.

Wie so eine Anrede des Propheten im Alten Testament zu einem Adventslied für den neugeborenen Christus werden kann, das verdeutlichen wir uns, wenn wir zunächst den originalen Zusammenhang berücksichtigen. Beim Propheten Jesaja ist dieser Text ausdrücklich auf den Perserkönig Cyrus »gemünzt«, der als Befreier des Volkes Israel aus der Verbannung in Babylon auftritt. So wie durch Analogie aus Naturbildern Seelenbilder entwickelt werden können, so wird hier eine Analogie Cyrus – Christus geknüpft: So wie Cyrus einst das auserwählte Volk Gottes aus der Verbannung befreite, so wird Christus als Friedenskönig und Heiland alle Völker (s. zweiter Advent) aus der Gefangenschaft der Todverfallenheit zur eigentlichen Freiheit der Kinder Gottes im ewigen Licht befreien. Eigentlich kein Wunder, dass die prophetische Verheißung – nun als Bild aufgefasst – zu den beliebtesten Adventstexten gehört und eben bei den Rorate-Messen im Licht des morgendlichen Kerzenscheins der den Herrn erwartenden Seele Flügel verleiht.

Musikalische Betrachtung

Wer nun vom Gregorianischen Choral bei dem vorliegenden Text – vielleicht nahe liegend bei dessen Anschaulichkeit – musikalische Illustration erwartet, wird gründlich enttäuscht. Wer denkt nicht an die Stelle der Matthäus-Passion von Bach, bei der der Komponist Himmel und Hölle, Blitze und Donner musikalisch illustrativ einbezieht, um die Wut über den Verräter Judas musikalisch auszugestalten? Aber genau dies hat der Gregorianische Choral nicht im Sinn. In diesem Introitus kann sich auf wunderbare Weise die Denkweise und das Anliegen des Chorals offenbaren. Hören wir deshalb zum ersten Mal den Introitus *Rorate* und lassen einfach das gesamte Lied auf uns wirken. Öffnen wir uns ihm so, wie wir uns der Erfahrung von den natürlichen Dingen öffnen, von denen er redet. Ein weiteres Hören wird uns wahrnehmen lassen, wie klar und deutlich die in der Textdeutung angesprochene Textstruktur sich in der Klangfassung des Chorals wiederfindet. Es ist offenkundig, dass unser Sänger-Komponist sie ebenso klar und deutlich gespürt hat, wie er sie in seiner Klanggestaltung zum Blühen bringen will.

Wie präzise das nun im einzelnen ausgestaltet und wie fein dies zur Entfaltung gebracht wird, damit wollen wir uns etwas später befassen. Zunächst differenziert ein nochmaliges Hören in den zwei Psalmversen deutliche Höhenunterschiede heraus. Der erste Satz bleibt im Tonraum sehr weit oben, (im Vergleich dazu: Dieser Tonraum wurde im Introitus *Gaudete* nur einmal, bei *nihil* berührt!), der zweite Satz bleibt im unteren Tonbereich. Das mag zunächst der Vorbemerkung widersprechen: Wo von Himmel die Rede ist, finden wir eine hochstehende Melodielinie vor, wo von der Erde die Rede ist, geht diese in ihrem Gesamtverlauf deutlich nach unten.

Aber wo bleibt die Bewegung von oben nach unten, wo doch vom Regnen die Rede ist und wo bleibt (außer bei *aperiatur – es öffne sich*) das Sprossen nach oben? Bevor wir uns auf den Übungsweg machen, in diesem Lied eine besondere Eigenart des Chorals zu entdecken, hören wir den Introitus ein weiteres Mal, um uns auf einzelne Worte einzulassen und ihnen aus ihrem tönenden Klang heraus nachzusinnen. Wieder und wieder, hier in diesem Lied fast auf ideale Weise, können wir uns mit einem durch Übung gewonnenen Vertrauen darauf einlassen, dass die Worte des Propheten in ihrem je eigenen Betonungsgewicht liebevolle Berücksichtigung finden, so als wenn der Sänger-Komponist vorher alle Worte auf eine klingende Goldwaage gelegt hätte; einzelne möchte ich mit Ihnen übend heraushören.

Die eindringliche Bitte des *rorate – tauet* schwingt sich mit einem großen, gleichwohl durch die beiden Töne der ersten Silbe wohl vorbereiteten (Quint-)Sprung zum Rezitationston (auf der dritten Notenlinie) für die betonte Silbe. Wichtig ist, hörend wahrzunehmen, dass diese Bewegung zum zweiten Ton des Akzentes führt, dort sich auf ihm, dem Akzent gemäß, dehnt und der dritte Ton leicht und beschwingt den Anschluss bereitet für das nächste Wort und so das *caeli – ihr Himmel* bestens an die Bewegung des *rorate* anbindet. Auch *caeli* wird wohl bedacht mit seinem (Terz-)Sprung in die Höhe, das *desuper* darf sich in melodischen Schritten intensiv entfalten. Nun können wir nach dieser eingehenden Betrachtung eine schöne Beobachtung machen: Die drei Töne von *nubes – ihr Wolken* gleichen den Tönen/Noten von *(ro)-rate* aufs genaueste und *pluant – regnet* ist vergleichbar mit *caeli, iustum* schließlich rundet den Satz ab mit einer Neume, die häufig als Abschlussneume gesetzt wird.

Auch im ganzen zweiten Satz können wir dieses eben entdeckte Verfahren erneut beobachten: Nach dem aufstrebenden *aperiatur – es tue sich auf*, das auf der betonten Silbe wieder die Töne von *caeli* und *pluant* verwendet, klingen auch *terra – die Erde* und *germinet – sprosse hervor* gleich, wenn auch durch eine kleine Bewegungsvariante differenziert. Über das breit ausgeführte *Salvatorem – den Heiland* auf entspannter Ebene klingt das Stück ebenso wohlklingend aus, wie zu Ende des ersten bei *iustum*.

Als weitere Übung richten wir die Aufmerksamkeit noch auf die Psalmodie, die sich an den Gesang des Introitus anschließt. Hören wir, wie das Gesetz der Psalmodie sich hier entfaltet: Der Versbeginn erhält eine kleine, stufenweise geführte Zweitonfigur, um zur Rezitationsstufe der Psalmodie zu gelangen. Das Ende der ersten Vershälfte erhält eine nach oben und unten ausschwingende Bewegung. Auch die zweite Vershälfte ist so gestaltet: Beginnend mit einer kleinen Zweierbewegung und endend mit einer markanten Melodieführung, die wieder den schon bekannten Sprung aus der ersten Vershälfte aufweist und dann zum Grundton abspannt. Das ist eine Psalmodie: Auf dieses Modell kann jeder Psalmvers eines jeden Psalmes eingerichtet und gesungen und meditiert werden. Wichtig ist, dass wir wahrnehmen, dass mit den bescheidenen musikalischen Mitteln nicht etwa ein inhaltlich besonders wichtiges Wort hervorgehoben wird, sondern der formal immer gleiche Aufbau eines Psalmverses:

Beginn	–	Ende 1. Vershälfte
Wiederbeginn	–	Ende 2. Vershälfte

Genau diese in der Psalmodie vorgestellten kleinen Tongruppen verwendet unser Sänger-Komponist erweiternd, verkürzend, variierend, so wie das Wort es eben braucht, auch für die entfaltete Form des Introitus.

Vergleichen wir jetzt den Sprung von *caeli* und *pluant* und *aperiatur*: sie haben ihren Ursprung in der Psalmodiebewegung von *gloriam – Ehre;* ebenso leitet sich die Bewegung von *terra* und *germinet* aus der Schlussbewegung der Psalmodie her.

Der Gregorianische Choral wahrt damit in seinen Gesängen stets den Zusammenhang mit dem Gedanken der Psalmodie (Meditation) und kann doch den Text in seiner Wortgestalt als Introitus, als Lied zur Innewerdung zum Klingen bringen. So ist er ganz im Humus der Gebetsmeditation täglicher Psalmodie geerdet und bringt doch eine ganz eigene Blüte zu Tage: Das ist eines der großen Wunder des Gregorianischen Chorals. Ich hoffe, dass unsere ausführliche Übung nicht zu dornig war, die Schönheit der Blüte des Staunens mag ihn gerechtfertigt haben.

Zusammenfassung

Viel Zeit und Mühe haben wir in diese doch eigentlich recht einfachen zwei Zeilen und ihre klangliche Gestalt investiert und wir haben viel entdecken dürfen. Der Satzaufbau, die Wort- und Silbengewichte und die deutliche Parallelführung des Textes aus der Idee der Psalmodie heraus finden in diesem Introitus aufs Genaueste und Feinste ihre Berücksichtigung. Diese Entdeckungen sollten uns nicht den Glanz des Chorals genommen haben, sondern uns neben dem ergriffenen Staunen über die Wirkungen des Chorals auch ein gerüttelt Maß an Ehrfurcht davon gewinnen lassen, wie im Choral künstlerische Reife und wahre Frömmigkeit eine wunderbare, sich gegenseitig befruchtende Symbiose eingehen. Könnte es sein, dass unsere ganz spontanen, positiven und wohltuenden Erlebnisse mit dem Choral auch eine Sehnsucht wieder wachrufen nach dieser Einheit von reifem künstlerischem Schaffensprozess und einer Frömmigkeit, die von einem tiefen Glauben getragen wird?

Das Responsorium breve »Ostende nobis«

Ps 84, 8

CD 11

Zeige uns, HERR, Dein Erbarmen
und schenke uns Dein Heil.
Ehre sei dem Vater und dem Sohne und dem Heiligen Geiste.

Textdeutung

Für das zweite Responsorium, das seinen ursprünglichen liturgischen Platz im täglichen Morgenlob hat, entnimmt der Sänger-Komponist zwei kurze Zeilen dem Psalm 84 (85), der ihm, wie auch schon der Psalm 79 (80), beim Responsorium breve *Veni* auch noch für eine Reihe anderer Lieder des Gregorianischen Chorals im Advent als Vorlage dient. Er wählt für diesen unseren Gesang einen Vers aus, der durch zwei Bitten gekennzeichnet ist, die je mit ihren verschiedenen Worten eigentlich Ähnliches aussagen und damit von intensiver Eindringlichkeit geprägt sind. Beachten wir auch, dass die Bitten nicht heißen »Herr, schenke uns Heil, Gesundheit und Wohlergehen«, sondern in dem Erbetenen wird auch deutlich, dass das Erbetene und der Gebende zusammengehören: *dein* Heil, *dein* Erbarmen. Wir sind im Hymnus *Veni Redemptor gentium* (vgl. S. 65) der entscheidenden Wichtigkeit dieser persönlichen Anrede gewahr geworden.

Ein weiteres Kennzeichen dieser Verse ist die Tatsache, dass ihre Bitten nicht auf eine bestimmte, konkrete, damit aber auch eingegrenzte Situation zielen, wie das die Fürbitten in der Eucharistiefeier tun, sondern auf Existenzielles zurückgreifen: auf Erbarmen und Heil. Beides bezieht sich auf unsere Unvollkommenheit und Bedürftigkeit. Der Psalmensänger weiß, dass er diese nicht nur aus eigener Kraft und Anstrengung überwindet, sondern dass diese Vollendung – der letzte Hymnus *O Lux beata Trinitas* (vgl. S. 161) wird dies *supplex gloria* nennen – Geschenk ist. Und um dieses Geschenk bittet er sehr eindringlich, denn das Wort »*ostende*« bedeutet auch: Lass uns sehen, halte uns vor Augen, offenbare! In Anlehnung an die Übersetzung des *veni* im Hymnus *Veni Redemptor gentium* dürfen wir hier, unsere Bedürftigkeit eingestehend und ausdrückend, vielleicht auch übersetzen: Nun zeige uns doch endlich dein Erbarmen!

Wir haben hier also zwei kurze Zeilen vor uns, die Entscheidendes über uns aussagen, die uns also ganz innen treffen können. In ihrer Eindringlichkeit und Intensität sind sie so recht geeignet, als »Mantra« verwendet und so zu einer Dauerübung zu werden – wenn nicht im Stundengebet täglich gesungen, dann als Stoßgebet immer wieder gesprochen. Immer sind wir mit den zwei Zeilen bei Ihm und mit Ihm in Verbindung, dessen Offenbarwerden wir erwarten in diesem Advent, in allen Adventen unseres Lebens und auch im endgültigen Advent am Ende unserer Erdentage.

Musikalische Betrachtung

Da die Melodie identisch ist mit der des Responsoriums *Veni ad liberandum,* verweisen wir hier auf die Beschreibung der Melodie auf S. 52.

5. STATION:

Die sieben Tage vor Weihnachten –

Die Lieder der großen Sehnsucht (»O-Antiphonen«)

In der fünften Station widmen wir uns nun den im Kapitel über die liturgische Zeit schon erwähnten »großen Antiphonen«, die alle mit dem Staunlaut »O« beginnen. Wir wählen zunächst das erste dieser Lieder aus, um es in Gestalt und Form eingehend, intensiv und ausführlich wahrzunehmen. Wir können dann – da die textliche und musikalische Grundform bei allen sieben O-Antiphonen stabil bleibt – übend und meditierend leichter den Zugang zu den anderen finden.

O Weisheit, hervorgegangen aus dem Mund des Höchsten,
die Welt umspannst Du von einem Ende zum andern,
mit Kraft und Milde ordnest Du alles;
nun komm, uns zu lehren den Weg der Einsicht.

»O Sapientia«

▷ CD 12

Textdeutung

Der Dichter der Sehnsuchtslieder ist im Alten Testament außerordentlich bewandert. Er greift deshalb zunächst in seinen Liedern auf diese Welt zurück, hier als erstes mit einem Titel, der uns zunächst vielleicht gar nicht so schmeckt: Weisheit. Aber die Weisheit wird hier nicht als Eigenschaft genannt, sondern angeredet wie eine Person. Und in der Tat hat schon das Alte Testament früh diese Weisheit als Person gedeutet, als jemanden, der bei der Erschaffung der Welt dabei war. Wir finden bei dem Schweizer Schriftsteller Kurt Marti ein geistliches Gedicht, das diesen Zusammenhang für uns neu aufzuschließen versucht und dessen Beginn hier zitiert werden soll:

Von Ur an:
Gott in Geselligkeit,
Gott mit Sophia,
der Frau, der Weisheit,
geboren, noch ehe alles begann.

Sie spielte
vor dem Erschaffer
umspielte, was er geschaffen,
und schlug, leicht hüpfend von Einfall zu Einfall,
neue Erschaffungen vor:
Warum nicht einen anmutig gekurvten Raum?
Warum nicht Myriaden pfiffiger Moleküle?
Warum nicht schleierwehende Wirbel, Gase?
Oder Materie, schwebend, fliegend, rotierend?

So sei es, lachte Gott,
denn alles ist möglich,
doch muss auch Ordnung ins Ganze –
durch Schwerkraft zum Beispiel.
Dazu aber wünschte Sophia sich
ebensoviel Leichtigkeit.
Da ersann Gott die Zeit.
Und Sophia klatschte in die Hände.
Sophia tanzte, leicht wie die Zeit,
zum wilden, melodischen Urknall,
dem Wirbel, Bewegungen, Töne entsprangen,
Räume, Zukünfte, erste Vergangenheiten –
der kosmische Tanz,
das sich freudig ausdehnende All.
Fröhlich streckte Sophia Gott die Arme entgegen.
Und Gott tanzte mit.

So stellt uns der Text eine göttliche Gestalt vor, die für das Leben Sorge trägt, vor allem für den Vorrang des Lebens vor dem Tod. Von dieser Gestalt spricht der Text, sie sei aus dem Munde des Höchsten hervorgegangen, also als Wort, als ein Wort, das die Welt erschafft, als Wort, das die Schöpfung erhält, als Wort, das uns will, als Wort, das Kommunikation ermöglicht und Beziehung schafft, als Wort des Lebens, das seinen Ausgang vom Schöpfer selber nimmt und als bezogene Antwort des Lobes seiner Geschöpfe zurückkehrt. Die Schöpfung als Manifestation, als universaler Prozess (»von einem Ende zum anderen«) des göttlichen Willens: Ich will, dass Leben, Bewegung und Tanz und Freude sei vor Tod und Kälte, vor Erstarrung und Trauer. Ich will, dass es Beziehung und Kommunikation gibt, die elementaren Kennzeichen von Leben, Und »ich will, dass sie das Leben in Fülle haben« (Johannes 10,10).

Auch das Chaos ist in seinen Händen aufbewahrt, die mit Macht und Milde am Schöpfungswerk weiterarbeiten. Diese beiden Eigenschaften dürfen wir näher betrachten. Macht: Entsteht sie nicht immer durch Unterdrückung der einen durch die andern? Aber das ist die billigste Form von Macht. Es gibt auch die Macht als eines Dinges großen Augenblick, »wenn etwas ganz bei sich selbst ist« (Erhart Kästner). Und Milde: Wird sie von unserer Lebenserfahrung nicht schlechthin als Schwäche ausgelegt? Aber die ist auch wohlfeil. Denn was macht das Wachstum einer Pflanze aus, wenn nicht die hegende Milde und zarte und abwartende Güte des wohlwollenden Segens sie umhüllt? Wird angesichts dieser beiden Worte nicht eine Sehnsucht bei uns wach? Ja, das wär's: Wenn es jemanden gäbe, der diese beiden Dinge, die bei uns nur als »Entweder – Oder« gehandelt werden, zusammenbrächte! Erinnern wir uns daran, dass bei der Betrachtung des Hymnus *Conditor alme* diese Doppelung schon preisend angesprochen war im *Conditor* als dem Schöpfer mit Allmacht und Kraft, *alme* mit dem fürsorgenden und wohlwollenden Schöpfer. Erst beides wird ausgewogen dem All und allem, was unser Leben betrifft, Maß, Mitte und Form ermöglichen. So können wir über das übende Betrachten der alten Bilder wieder Kontakt zu unserer eigenen Sehnsucht knüpfen, die im Tiefsten immer und stetig – das gehört zu unserem *elan vital* – auf den wartet, der als das Wort des Vaters, als neue Weisheit dieses Leben in seinen Händen birgt und mit Macht und Milde die Welt im Innersten zusammenhält und der die Schöpfung vorantreibt, bis sie in einer neuen Schöpfung vollendet sein wird. Im Angesicht des siebten Tages vor Weihnachten sind wir eingeladen, diese Erwartung in einem bewussten Akt auf den neugeborenen Christus zu beziehen, wie es der Apostel Paulus tut, wenn er spricht: »Gott hat Christus für uns zur Weisheit gemacht« (1 Korinther 1,30). Diese Weisheit suchen die drei Weisen. Er ist das Wort, das aus dem Munde des Höchsten hervorgeht. So können wir singend bitten: Komm und lehre uns den Weg der Einsicht; lehre uns neu in die Dinge, neu auch in den Neugeborenen hineinzusehen. Lehre uns, mit ihm Kontakt wie zum Bruder zu bekommen und ihn auch in den Dingen wiederzuerkennen. Denn auch heute offenbart sich der Neugeborene, immer da, wo wir innerlich (deswegen »Ein«-sicht) gemeint, ergriffen sind und in unser eigenes Geheimnis hineinsehen.

Musikalische Betrachtung

Noch bevor wir Einzelheiten beobachten, können wir beim mehrfachen Hören spüren, dass die Melodie wie eine Welle schwingt. Sie bewegt sich vom Grundniveau her sowohl nach oben wie nach unten. Alsdann finden wir, dass die textlich vorgegebene Zweiteiligkeit *O … ; veni – nun komm …* auch in der Melodie ihre genaue Entsprechung hat: die kleine Melodiegestalt bei *veni* ist identisch mit derjenigen am Anfang. Diese ist ganz und gar nachempfunden dem, was über das »O« gesagt wurde: staunende Erhebung durch den Sprung nach oben und durch eine emphatische Intensivierung auf dem oberen Ton mit anschließender Abwärtsbewegung in den empfindsamen Halbton. Auch im Hoheitstitel *Sapientia* erhalten entsprechend der zentralen Bedeutung des Wortes fast alle Silben zwei Töne. Die erläuternden Textpassagen werden dann quasi rezitierend – also ganz vom Sprachduktus getragen – einfach vertont; hier ist sprachliche Verständlichkeit wichtig. Die Deutlichkeit wird durch die Hervorhebung der sprachlichen Akzente mit zwei leicht zu singenden Tönen erreicht. Die musikalische Bogenführung aber steht ganz im Dienst der Profilierung des Textes. Dazu gehört der auffällig bewegte Gang in die Höhe bei *fortiter – mit Kraft*. Die über den eigentlichen Tonumfang hinausreichende Melodie erhält so ihr ganz eigenes

Profil als Höhepunkt. Ihm entspricht die Bedeutung des gesungenen Wortes. Die Entspannung auf *suaviter – mit Milde* ist dann klar und folgerichtig.

Der zweite Teil hat bei der Wiederaufnahme des staunenden O-Motives für die Dringlichkeit der Bitte *veni* und auch in der Ähnlichkeit der Melodieführung bei *Sapientia* und *ad docendum – uns zu lehren* dann aber als Ausgleich keinen Höhenzug mehr, sondern – der Welle organisch entsprechend – den Tiefenzug zu *nos*. Im Rückblick mag uns beim Hören aufgehen, dass der Abstand des Schlusstones von dem Ton, auf dem der Text rezitiert wird, nur ein sehr kleiner ist (eine kleine Terz). Die mittelalterliche Ethoslehre hat diesen Ton *tristis* genannt, nicht im Sinne von traurig, sondern im Sinne von gesammelt, konzentriert, von subjektiver Andacht geprägt. Einen besseren Ton kann ich mir für diese Sehnsucht nicht vorstellen.

Zusammenfassung

Alle Beobachtungen zeigen, wie sehr die Melodiegestalt im Rahmen ihrer einfachen Möglichkeiten als Antiphon auf den Text in seiner äußeren Gestalt und inneren Bedeutung hin komponiert ist und mit ihm eine kunstvolle Einheit bildet. Dies durch wiederholtes Hören und vielleicht auch Mitsummen oder Mitsingen immer deutlicher zu erkennen und dann ganz einfach und unmittelbar auf sich wirken zu lassen, kann zur eigenen Einstimmung auf den Text und auf die Bedeutung desselben für jeden Einzelnen werden. Die O-Antiphonen laden uns ein, in der Adventszeit unser ganz ureigenes Glaubensbekenntnis wieder zu entdecken. So kann es über das Lied vielleicht wieder eine wunderbare Brücke geben, unsere eigene individuelle Sehnsucht mit der aller anderen Menschen guten Willens, die dieses Lied anstimmen, zusammenzustimmen und zusammenklingen zu lassen, sodass eine große Symphonie daraus wird.

»O Adonai«

CD 13

O Adonai und Führer des Hauses Israel,
der Du Moses in der Feuerflamme des Dornbusches erschienen bist
und ihm auf dem Sinai das Gesetz gegeben hast:
Nun komm und erlöse uns mit erhobenem Arm.

Textdeutung

Im Text wird der alttestamentliche Gott der Juden angeredet. Was soll uns ein Text sagen, der mit alttestamentlichen Bezügen arbeitet, wo es doch um die Ankunft dessen geht, der uns ein Neues Testament hinterlassen will? Versuchen wir Schritt für Schritt und allmählich, den Worten nachsinnend, ihnen auf die Spur zu kommen.

Da steht zu Beginn ein großes »O«! Es ist Staunlaut. Wenn wir versuchen, diesen Laut in die eigene Erfahrungswelt zu übertragen, dann werden wir gewahr, dass er Wirkungen hervorruft: Das Gesicht wird weit, die Augen groß, die Augenbrauen heben sich, der Unterkiefer wird schwer, der Obergaumen leicht, es ist wie ein Erwachen, wie ein Erkennen, wer ich eigentlich bin. So ein gesprochenes »O« ist Ausdruck des Gefühls der Erleichterung, dieses »O« »erhebt«. Das Gegenbild dazu können wir erleben, wenn wir vor Enttäuschung zusammensinken, wenn wir Schwere empfinden beim stöhnenden, klagenden »Ach«. Mit diesem Seufzer endet das bedeutungsschwere Theaterstück »Amphitryon« von Heinrich von Kleist.

Dieses »O« dagegen ist staunende Vorsilbe einer persönlichen Anrede. Der Text sagt nicht: »Es gibt einen Herrn und Führer, nun glaubt mal alle fest an ihn!« Der vorliegende Text – vor allem weil er ein gesungener Text ist – lädt ein, in die eigene Anrede zu kommen. Die Titel »Adonai« und »Führer des Hauses Israel«, die der im Alten Testament so bewanderte Textdichter anführt, zeigen uns zwei der ganz großen Bilder für diesen Gott, der für die Juden ja erfahrene Wirklichkeit ist. »Adonai« ist eigentlich das gesprochene Äquivalent zum so genannten Tetragramm JAHWE, mit dem Gott selbst beim brennenden Dornbusch Moses seinen Namen mitteilt und sich damit klar und unmissverständlich offenbart. Es ist dies einer der großen Augenblicke, in dem sich ein Tor öffnet: Die Erhabenheit und Unnahbarkeit Gottes kommt ganz nah an den Menschen heran, ja liefert sich mit seinem Namen aus. Es ist wie bei uns Menschen untereinander: Wenn wir jemandes Namen wissen, haben wir immer auch schon eine gewisse Macht über ihn. Die Macht des Namens wird uns in dem alten Märchen vom Rumpelstilzchen besonders lebendig vor Augen geführt. JAHWE, diesen erhaben-nahen Namen sprechen die Juden aus Ehrfurcht nicht aus, sondern ersetzen ihn durch den gesprochenen Titel *Adonai – Herr.*

Der Titel »Führer des Hauses Israel und Gesetzgeber« bringt das zweite große Bild der jüdischen Heilsgeschichte in Erinnerung: den Auszug aus der Knechtschaft in Ägypten und den Bundesschluss Gottes mit seinem Volk am Berg Sinai. So stellt uns der Text Gott als erhabenen und zugleich nahen Urheber einer Heilsgeschichte vor Augen. Im Angesicht des sechsten Tages vor der Geburt Christi werden vom Textdichter die im Alten Testament angesprochenen Vorbilder aufgegriffen, um die eigene Sehnsucht wachzurufen und uns einzuladen, sie in einem Akt der Übertragung auf den ankommenden Christus zu beziehen: Das neugeborene Christuskind – erhabener Gott und zugleich uns ganz nah. Er wird von sich sagen: »Ich bin bei euch alle Tage, bis ans Ende der Welt«, er vertraut uns das Gebot der Nächstenliebe als neuen Bund an, er erlöst uns mit den ausgestreckten Armen am Kreuz und befreit uns von aller Angst und Knechtschaft, die Todesmächte bis auf den heutigen Tag zu verbreiten suchen. Ob wir im Horizont dieser beiden Perspektiven entdecken könnten, dass jeder von uns seine Heilsgeschichte mit Gott hat, dass jeder von uns seine Geschichte mit Gott aufschreiben kann (und sollte), dass jeder diese Sehnsucht nach Nähe und Erhabenheit spürt, wenn er nur tief genug in sich hineinblickt, dass wir alle von dieser Sehnsucht nach Zusage von Begleitung leben? So will das Lied die Erfahrung weitergeben, dass wir vor der alten wie der neuen Erscheinung des nahen und erhabenen, des treuen und in der Geschichte handelnden Gottes, der begleitet, erlöst und befreit, nicht weiter neutral bleiben können. So dürfen wir einstimmen in dieses Lied und mitsingend auch unsere Sehnsucht nach diesem unnahbar-nahen Gott aussingen: O Adonai, nun komm und befreie mich.

»O Radix Jesse«

▷ CD 14

O Spross aus der Wurzel Isais,
der Du dastehst als Zeichen für die Nationen,
vor dem die Könige ihren Mund verschließen
und den die Völker anflehen:
Nun komm, uns zu befreien, säume nicht länger.

Textdeutung

»Es ist ein Ros entsprungen aus einer Wurzel zart.« – Eines unserer schönsten Weihnachtslieder kann uns heute ermutigendes Beispiel sein, wie wir neu mit den Bildern des Alten Testamentes umgehen können. In ihm werden wir eingeladen, Bilder anzuschauen, sie als Spiegel unserer eigenen inneren Bilder wahrzunehmen und diese dadurch immer wieder neu zu erwecken und lebendig werden zu lassen. Mir wird in Museen zunehmend Angst und Bang, wenn ich die vielen Menschen sehe, die dort jeder für sich mit Kopfhörern durch die Säle ziehen und gar nicht mehr schauen, sondern nur noch hören, was es alles Interessantes zu berichten gibt vom Maler und seiner Zeit, von seinem Stil, von seiner Technik. Oft vergessen sie darüber, dass das Bild für jeden eine Botschaft bereit hält, die nach Austausch verlangt.

Der Spross aus einem Stamm – das ist ein ganz konkretes und einfaches Bild, das wir auch heute erleben und erfahren können: Ein umgeschlagener Baum ist seiner Wurzelkraft nicht beraubt; so nur ein wenig Licht und Wasser ihn erreichen, treibt er neu aus, immer wieder, man kann diese neuen Triebe abschneiden, im nächsten Jahr versucht er es wieder, er kann gar nicht anders – ein Bild der unerschütterlichen Hoffnung, ein Bild der Vitalität schlechthin.

Aber bei dem Bild dürfen wir nicht stehen bleiben. Das Bild will tiefer wirken. Kennen wir den Prozess nicht auch in unserer Seele, in unserem Eigensten und Innersten? Da ist über Jahre hin unser eigener Lebensbaum ausgedorrt, viele belebende Erwartungen sind durch die Widerfahrnisse des Lebens abgestorben. Da haben die Könige der Welt aus Gewinnsucht und ohne Rücksicht Lebendiges vernichtet. Und oft hat ein vernichtendes Urteil uns unsere ganze Lebenshoffnung angeschlagen. So kann das Bild nun die Sehnsucht in uns wachrufen, dass wir neu – wider alle Erfahrung – dem Leben den Vorrang vor dem Tod, der

Hoffnung den Vorrang vor der Hoffnungslosigkeit zusprechen und dass wir die Ankunft des Lebens immer wieder neu erwarten dürfen. In einer weitergehenden Deutung des Bildes dürfen wir aber auch vorahnend den Baum mitsehen, der als Kreuzesbaum eben auch nicht im Tode verbleibt, sondern durch Christus im Tod am Kreuze zum blühenden neuen Lebensbaum wird, der einst am Anfang und nun wieder die Mitte des Paradieses bildet. Wie tief verwurzelt diese unsere Sehnsucht und unser Durst nach Leben auch sind, so sind sie doch von der Realität oft am stärksten bedrängt. Deswegen stehen in unserem Sehnsuchtslied am Ende so viele Bitten, wie bei keiner anderen. Wenn wir genau hinsehen, sind es drei, mit denen der Dichter die Eindringlichkeit, die Notwendigkeit und Grenzenlosigkeit unserer Sehnsucht zu formulieren versucht und uns einlädt, in der direkten Anrede an den neugeborenen Christus als dem Herrscher, der die Könige dieser Welt verstummen lässt und der Garant für die Umkehrung der Werte ist, singend einzustimmen: Nun komm, nun erhebe dich endlich, nun säume nicht länger.

»O Clavis David«

CD 15

O Schlüssel Davids und Szepter des Hauses Israel,
der Du öffnest und niemand schließt,
der Du schließest und keiner vermag zu öffnen.
Nun komm, und führe den Gefangenen aus dem Kerker,
den, der sitzt in Finsternis und Todesschatten.

Textdeutung

Mit dem »Schlüssel Davids« hat der Dichter ein weiteres Bild des Alten Testamentes als Grundlage für sein Sehnsuchtslied gewählt. Beim Propheten Jesaja findet er die Geschichte von Schebna, dem untreuen und gewissenlosen Verwalter des Hauses David. Diesem ist eine große Verfügungsgewalt gegeben, die im Alten Testament stets auch mit der Schlüsselgewalt einhergeht. Unter dieser Verfügungsgewalt Schebnas haben die Einwohner Jerusalems sehr zu leiden, weil er sie nicht zum Nutzen und Frommen der ihm Anvertrauten gebraucht, sondern zu seiner eigenen Machtausübung und Ehre missbraucht. Der Prophet nimmt ihm deswegen seine Stellung weg und übergibt sie an Eljakim. Er wird von ihm zum Verwalter berufen mit der Aufforderung, für das Haus Juda wie ein Vater zu sorgen.

Es geht in diesem Bild also um die Weitergabe der Erfahrung, dass Unterdrückung und Selbstherrlichkeit als Kennzeichen einer Tyrannei, die Kerker und Finsternis im Schlepptau führt, in den Augen Gottes keine Duldung finden und die Stunde des Tyrannen immer schon geschlagen hat. Gott kennt Wege und will sie uns auch zeigen, die über diese Erfahrung hinaus in berechtigte Hoffnung auf Freiheit und Licht führen. Diese Geschichte möchte so im Bild eben unsere Sehnsucht wecken und unsere eigenen Erfahrungen damit wachrufen. Wer kennt nicht aus seinem Leben die Nachterfahrung, wo der Tyrann Finsternis heißt, wer kennt nicht die Fessel, wo der Tyrann Zweifel heißt. Wer kennt nicht den Tyrannen der Depression und den Tyrannen der Einsamkeit? Das sind starke und oft langanhaltende Erfahrungen, die aus dem Bild des Schlüssels, der in falschen Händen liegt, wach werden. Die ganze Geschichte von Fidelio, die uns Beethoven als Oper geschenkt hat, in der der Chor der Gefangenen zum Kern gehört, beleuchtet diesen Horizont auf eigene Weise. Der Grieche hat für diese Erfahrungen einen eigenen Ort gewusst, den Hades, das Haus, in dem der Schatten der Vergeblichkeit, die Freudlosigkeit des plötzlichen Anblicks des »Nichts«, das Aus-dem-Licht-fallen und das Sehnen-nach-dem-Nicht-Sein zu Hause waren.

Aber auch der Dichter der Antiphon ist bei Schebna nicht stehengeblieben. Er nennt die Geschichte, weil sie einen Eljakim kennt, der von dieser Not der Tyrannei erlöst. Dazu stellt er uns die Bilder in persönlicher Anrede vor, um sie, wenn wir in ihnen unsere Situation wieder genauer und klarer gesehen und erkannt haben, auf den ankommenden Christus zu beziehen. Aber der Ankommende, von dem gesagt wird, ihm sei alle Macht gegeben im Himmel und auf Erden, von dem gesagt wird, er habe uns am Kreuz erlöst und sei herabgestiegen in das Reich des Todes (eben jenen vorher genannten Hades!), um heraufzuführen, die in Finsternis und Todesschatten sitzen, er wird nicht helfen von außen her. Das wäre die billige Ersatzgottlösung. Er wird nicht helfen, wenn wir das unbeteiligt nacherzählen. Aber er wird helfen und seine Machtfülle zu unserem Heil wirken, uns von den diesseitigen Erfahrungen des Hades und von dem allgewaltigen Tod erretten, wenn wir ihn persönlich anrufen, wenn wir bemüht sind, den Kontakt zum großen Du zu finden. Es geht vor Weihnachten und im Angesicht von Weihnachten darum, die eigene Situation anzuerkennen und in Augenschein zu nehmen, anstatt sie zu verdrängen oder zu verherrlichen. So singen wir: »Nun komm Du und befreie uns aus dem Kerker unserer eigenen Nacht, nun komm Du und säume nicht länger und führe uns aus dem Schattenreich in das Licht Deiner Freude.« Ob wir das flehend ersehnen oder ob wir uns in der Anastasis genannten Ikone vom Herabstieg Christi in die Unterwelt selbst als Adam wiedererkennen oder singen: »Heut schließt du wieder auf die Tür zum schönen Paradeis«, im Lichte des so in uns Neugeborenen können wir es neu mit der Nacht aufnehmen. Denn wann anders ist er angekommen als in der tiefsten Nacht?

Lassen wir uns von dem Stern von Bethlehem, der ein Stern in dunkler Nacht ist, aufschließen, weil er über allem steht, was wir erleben. So lädt uns das Lied dringender denn je ein, singend in die Bitten einzustimmen: Nun komm, Du Heiland der Welt, nun komm, Du Erlöser der Völker, nun komm, Du Retter der Welt.

»O Oriens«

CD 16

O Morgenstern, Du Glanz des ewigen Lichtes,
Du Sonne der Gerechtigkeit;
nun komm und erleuchte, die sitzen in Finsternis
und Todesschatten.

Textdeutung

Der Dichter unseres fünften Liedes wählt zum ersten Mal kein Bild aus dem Alten Testament, sondern eine Naturerscheinung. Er weiß um die Möglichkeit, Zugang zu Göttlichem zu finden durch übendes Anschauen dessen, was die Dinge uns mitteilen. Beim Morgenstern geschieht dies ganz unmittelbar. Der Morgenstern – als Planet die Venus – geht der Sonne am Morgen voran und folgt ihr am Abend hinterher. Sein Licht ist klar und funkelnd. Er ist, wie die Morgendämmerung, untrügliches Vorzeichen, dass die Nacht vorbei ist, und Herold für die Sonne und deren Regentschaft über den Tag. Mit »Glanz des unversehrten Lichtes« führt uns der Dichter im nächsten Schritt über die Naturerscheinung hinaus zu dem, was der Morgenstern uns mitteilen kann. Der Glanz, das Strahlen, ist eine Erscheinung, die den Gegenstand über sich hinaushebt und ihn als Künder einer inneren geschauten Welt versteht. Diese Welt, von der der Morgenstern Kunde gibt, ist eine unversehrte, eine integre, eine heilige und geheilte, eine ungebrochene und wieder vollständig wiederhergestellte Welt. Hier wird also vom Dichter aus dem Bild des Morgensterns unsere Sehnsucht erweckt nach eben jener ungebrochenen heilen, geheilten und in seiner Gänze wiederhergestellten Daseinsweise, die nicht vom Zweifel angenagt ist, die nicht zwischen Gut und Böse schwankt. Im dritten Schritt spricht der Dichter von der »Sonne der Gerechtigkeit« und geht damit von der Sonne selbst aus, die uns leuchtet, die uns aber auch in ihrem Lauf ausrichtet und eine Orientierung gibt. Sie ist für den Dichter Mitteilungsorgan für die Existenz des neugeborenen Christus, der uns für unser Leben als Sonne der Gerechtigkeit mit seiner Barmherzigkeit und seiner Treue eine neue Perspektive, einen wirklichen Durch-Blick gewinnen lässt für jeden einzelnen Tag und darüber hinaus bis zur Vollendung im Reich des ewigen Lichtes.

So zeigt uns das dreifach entfaltete Bild, dass wir in unserem Leben auf einen neuen Tag zugehen, der keinen Abend mehr kennt. Der Morgenstern Christus ist der Heroldgarant dafür. Die Bitte dieser Antiphon ist fast identisch mit derjenigen von »O Clavis David«. Es ist eine zweite Chance für uns, im Angesicht von Morgenstern und Sonne unsere eigene Situation – von welcher Nacht auch immer geprägt – in die Hand zu nehmen, anschauen zu lassen und sie der Sonne Christus entgegenzuhalten, singend in die Bitte einstimmend: Nun komm und erleuchte mich, der ich in Finsternis und Todesschatten sitze.

Musikalische Betrachtung

In Abwandlung des bisherigen Aufbaues unserer Lieder gibt es in dieser Antiphon keine melodische Entsprechung zwischen dem einleitenden *O* und der Bitte *veni*. Die Kürze des ersten Teiles unseres Liedes mit der Aussage über den Morgenstern sowie die umfangreichere Länge der Bitte nach »veni« haben eine gewisse Veränderung der Typusmelodie zur Folge. Sie führt zu einer Verschiebung des Veni-Textes nach vorne und beginnt sofort – absteigend nach dem Höhepunkt bei *iustitiae*. Das dem *O* bisher entsprechende Veni-Motiv erkennen wir noch bei *sedentes*. Dies Beispiel zeigt uns, dass die Melodie nicht starr gehandhabt wird, sondern flexibel, aber ohne Qualitätsverlust an die Bedürfnisse der Texte angepasst wird.

»O Rex gentium«

▸ CD 17

O Du König der Völker, ihr Ersehnter,
Du Schlussstein, der Du die beiden vereinigst;
nun komm und heile den Menschen, den Du aus Erde gebildet hast.

Textdeutung

Könige und die Erfahrungen mit ihnen durchziehen die ganze Menschheitsgeschichte, nicht nur die des Alten Testamentes. Könige werden verehrt oder gestürzt, weil sie dem, was die innerste Sehnsucht der Menschen von ihnen erwartet, entweder entsprechen oder davor versagen. Das Königsbild ist aber trotz aller Unbeständigkeit menschlicher Herrschaft zentral mit dem Heil der Menschen verbunden, für die der König da ist. Sein Königszeichen, die Krone, ist dabei nichts anderes als ein Antennensystem, das ihn mit dem verbindet, der im tiefsten Sinne unser Heil will, der durch seine Ankunft die Welt heiligen wollte. Deswegen bleibt der König auch in glanzlosen Zeiten ein Bild der Seele, ein Hoffnungsbild des Menschen, ein Sehnsuchtssymbol der wartenden Menschheit. Deswegen verwundert es nicht, dass auch der Dichter der Sehnsuchtslieder auf dieses Bild zurückgreift, uns einlädt, wieder und wieder mit diesem Bild Kontakt aufzunehmen und es auf den ankommenden Christus anzuwenden. Wir beachten aber, dass es hier nicht heißt: Der Christus als König der Völker ist unsere Sehnsucht und Erwartung. Was die ganzen Antiphonen und alle Gesänge bis hierher durchzieht, ist die Einladung, singend und preisend einzustimmen in die Anrede: Du bist meine Erwartung, Du bist meine Sehnsucht! Weil dieses Du den Kontakt schafft, erst den Bezug ermöglicht, erst eine Verbindung eröffnet, aus der heraus ein Weihnachten wirklich und wirksam werden kann. Wir werden bei den betrachtenden Übungen der Weihnachtsantiphon »Rex pacificus«, bei dem Introitus der zweiten Weihnachtsmesse, bei dem Introitus von Erscheinung bis hin zu den heiligen drei Königen, die ja nichts anderes als diese Sehnsucht auf den Weg bringt, dieser Königssymbolik immer wieder begegnen.

Wenden wir uns nun der Betrachtung des Bildes »Schlussstein, der die beiden zusammenhält« zu. Dieses Bild wirkt vielfältig. Es weckt Vorstellungen von Stabilität, von Festgefügtsein, von etwas, das nicht wankt und schwankt, aber auch von einer Kraft, die in sich ruht, die deswegen Gegensätze und Spannungen einen kann, ohne sie aufzulösen oder einfach beiseitezuschieben, eine Kraft, die als Schlussstein einer Kuppel – wohl dann in dynamischer Weise – die Wände zu einem Gebäude fügt. Alle diese Vorstellungen prägen unser Leben, aber immer sind sie gebrochen und angeknackst. Doch wer Durst nach Leben hat und ihn sich nicht von Firmen, die damit Reklame machen, abkaufen lässt, gibt sich mit der Gebrochenheit nicht zufrieden und wird weiter suchen. Es ist das wunderbare Bild der Brieftaube, das uns Christian Morgenstern für unser Leben überliefert hat: Die Brieftaube wird ausgesetzt am fremden Ort und ihr Weg führt sie zurück zu ihrem Ausgangspunkt und keine Macht und keine Gefahr wird sie von diesem Wege mehr abbringen können. Sie wird fallen und doch wieder aufstehen, weil ihr Ziel in ihr fest verankert ist. Deswegen ist der Beginn der Suche der erste Schritt zum Finden.

Diese Suche kann neu beginnen mit der Anrede und der Bitte an den immer wieder neu ankommenden König der Völker: Mache Du das gebrochene Herz ganz; eine Du die Kräfte, die in uns auseinandertreiben; heile Du als König der Völker, der Du vom Thron des Vaters als Mensch zu uns kommst – nah und erhaben – Dein Geschöpf und kräftige mit Deiner Kraft von oben den Adam, den Du aus der Erde geschaffen hast und rette Dein Bild.

»O Emmanuel«

CD 18

O Emmanuel, Du unser König und Gesetzgeber,
Du, nach dem die Völker Ausschau halten,
Du, ihr Heiland, nun komm, heile uns, HERR, unser Gott.

Textdeutung

Unser letztes Sehnsuchtslied – es ist das zum 23. Dezember – ist wie eine Zusammenfassung und eine Krönung aller bisherigen. Der neue Titel *Emmanuel*, übersetzt *Gott ist mit uns* bringt uns das zweite Lied *O Adonai* in Erinnerung – jetzt aber noch deutlicher in die Perspektive der Begleitung gehoben. Einer, der da ist, auch wenn wir ihn nicht wahrnehmen. Einer der da ist, wenn Zweifel nagen und der beständig ist, wenn das Unbeständige in uns wieder die Oberhand gewinnen will. Einer der da ist und begleitet als der Treue in aller erfahrenen Untreue. Dieser »Emmanuel« umfasst alle Zeiten: Diesen Namen rufen alle, die erfahren haben, dass Er mit ihnen zusammen ihre Geschichte schreibt. Diesen Namen rufen alle, die Ihn heute als gegenwärtig in liturgischer Feier erfahren und diesen Namen rufen alle, die in der Hoffnung leben, dass Er mit uns sein wird, immer als das große Du.

Die weiteren Hoheitstitel sind wie eine Erinnerung an die vorangegangenen Lieder. Es ist jetzt die Ernte der erinnerten und neu wiederentdeckten Sehnsüchte angesagt, die sich in den sieben Tagen der Erwartung vor der Ankunft ausbuchstabieren durften und differenzieren konnten, um den Reichtum des Geschenkes, das uns der ankommende Christus macht, an Weihnachten neu zu erfahren. Ein König, der unsere Friedenssehnsucht stillt, ein Gesetzgeber, der uns ein neues Gesetz gibt: »Liebt einander, wie ich euch geliebt habe«. Einer, der nicht unsere Erwartungen erfüllt, sondern selbst die Erwartung ist. Ein Heiland, der uns aus der Zerrissenheit dieser Welt in sein himmlisches Reich beruft und unsere Gottebenbildlichkeit des Paradieses wiederherstellt im Reich aller Reiche im nie endenden Lichtglanz seiner Herrlichkeit (s. a. den Hymnus *O Lux beata*, S. 161). Wie wach und aufmerksam unser Dichter die Gesamtheit der sieben Lieder gewirkt hat, wird nun am Ende darin offenbar, wie er das siebte Lied schließt: mit der Anrede »Du unser Herr und unser Gott.«

An jenem Tag werde ich meinen Knecht Eljakim, den Sohn Hilkijas, berufen. Ich bekleide ihn mit deinem Gewand und lege ihm deine Schärpe um. Ich übergebe ihm dein Amt, und er wird für die Einwohner Jerusalems und für das Haus Juda ein Vater sein.
Ich lege ihm den Schlüssel des Hauses David auf die Schulter. Wenn er öffnet, kann niemand schließen; wenn er schließt, kann niemand öffnen. Ich schlage ihn an einer festen Stelle als Pflock ein; er wird in seinem Vaterhaus den Ehrenplatz einnehmen.

Jesaja 22,20–23

Das Glasfenster zeigt uns den Bart eines Schlüssels in den Lichtfarben Gold und Weiß. In ihn ist ein lichtgelbes Kreuz eingearbeitet. Der Kontrast zwischen Licht und Dunkel ist in keinem anderen Glasfenster so groß wie in diesem: Wir finden nur die Komplementärfarben Gelb im Lichtschlüssel und Violett in den undurchdringlichen Gittern vor. Dem ungeteilten Weiß des von oben einfallenden Lichtes steht die Nichtfarbe Schwarz, die Finsternis, gegenüber, die eine überaus große Fläche einnimmt. Der Bart des Lichtschlüssels aber reicht bis ganz nach unten, selbst wenn er durch die Macht der Finsternis bereits Kraft eingebüßt zu haben scheint.

O Schlüssel Davids und Szepter des Hauses Israel,
der du öffnest und niemand schließt, der du schließest und keiner vermag zu öffnen. Nun komm und führe die Gefangenen aus dem Kerker, den, der sitzt in Finsternis und Todesschatten.

Nun komm

und schließe mit deinem Lichtschlüssel meine Dunkelheiten
und Verschlossenheiten auf,
dringe mit deinem Schlüssellicht ein und befreie uns
aus unseren eigenen Mauern
und lass mich mit deinem Lichtschlüssel die verborgenen Kräfte
des Gutseins finden.

Das war ja auch das Ziel unserer übenden Bemühung: dass wir morgen und immer wieder neu den Neugeborenen begrüßen können: »Du, mein Herr und mein Gott«, nicht weil es Tradition ist, nicht weil es im Lied gesungen wird, sondern weil es neu eingeübt ist als neues Lied und aus meinem Inneren gesungen herausquillt.

Zusammenfassung

Im Rückblick erweisen sich die großen Ruflieder unserer Sehnsucht als eine Art eigenes Glaubensbekenntnis, das nicht aus dem Katechismus heraus, sondern aus der übenden Betrachtung und dem Kontakt zu unseren tiefen inneren Sehnsüchten entstanden ist. Wir sind in den Liedern der Einladung gefolgt, die Heilsgeschichte nicht als Geschehen aus einer neutralen und scheinbar objektiven Distanz zu beurteilen, sondern auf die Suche zu gehen, die eigene Geschichte als Heilsgeschichte zu entdecken, in sie singend einzustimmen, sie singend auszusagen im Horizont der persönlichen Erfahrung zwischen den Perspektiven der überlieferten jüdischen und christlichen Bilder.

Diesem Buch beigegeben sind Abbildungen von Glasfenstern, die auf künstlerisch moderne Weise diesen Sehnsuchtsliedern sichtbare Gestalt gegeben haben. Die Meditationen darüber enthalten neben dem Text der Lieder auch ihre alttestamentlichen Bezugsstellen und fügen neben einer persönlichen Betrachtung des Glasbildes auch persönliche Bitten an, die aus der jeweiligen Anrede gewonnen werden können. Sie wollen also auf besondere und eigene Weise einladen, die vorgenannte Perspektive durch persönliche Anschauung zu vertiefen.

6. STATION

Das Fest der Geburt des Herrn (Weihnachten) –

Das leise Staunen und das bewegte Staunen

Der HERR sprach zu mir:
Mein Sohn bist Du, heute habe ich Dich gezeugt.

Psalm

Warum empören sich die Völker,
was sinnen die Nationen Nutzlosem nach?

Der Introitus »Dominus dixit«

Textdeutung

Die Feier der Geburt des römischen Gottes *Sol invictus – die unbesiegbare Sonne* wurde nach dem römischen Kalender am achten Tag vor dem neuen Monatsbeginn angesetzt. Auch die Christen übernehmen dieses Datum, wenn sie die Geburt des Lichtes Christus feiern. Das dreimalige *Lumen Christi* in der Osternacht wird diese Symbolik dann wieder aufnehmen und neu entfalten.

Als Eröffnungsgesang für diese weihnachtliche Feier mitten in der Nacht, da die Sonne von ihrem Tiefpunkt zu neuer Lichtzunahme strebt, wählt der Gregorianische Choral weder ein laut schallendes Triumphlied noch ein beseligendes Lied aus, das dem Christuskind in gerührter Herzensempfindung gesungen würde.

Der Text des Introitus mag uns zunächst befremden und enttäuschen. Wir reagieren dann mit einem »Schade«, weil mit diesem Gesang unsere mühsam erworbene Weihnachtsstimmung so gar keine Berücksichtigung findet. Was nur mag die Auswahl dieses Textes veranlasst haben. Aber vielleicht finden wir doch einen Zugang zu ihm. Zunächst kann hilfreich sein zu erkennen, dass dieser Text, wie schon die Texte der vorangegangenen Adventssonntage, Psalmzitat ist, also jenem »Gotteslob« des Alten Testaments entnommen ist, dessen Klangwerdung einen sehr großen Teil des Gregorianischen Repertoires ausmacht und das bis heute die Grundlage und den Grundstoff aller gesungenen Gebetszeiten bildet. Auch Christus hat den Psalter als frommer Jude gebetet und als eine Sammlung von Liedern erfahren, die ihm immer wieder seine Situation mit sich und seinen Mitmenschen spiegelte.

Der Gregorianische Gesang stellt an den Anfang der Feier einen Gesang, der weniger uns und unsere momentane Verfassung aussprechen will oder uns ansprechen will, sondern mit dem sich der Neugeborene Christus selber ausspricht als das, was er ist und für uns sein will. Das ist ein Wunder der alttestamentlichen Psalmen, dass in ihnen Verse stehen, mit dem der neugeborene König des Friedens seine Seinswirklichkeit aussagen kann. Er muss sich seiner Wirklichkeit nicht raisonierend selbst bewusst werden und seine Situation hier auf der Erde nicht reflektieren und mit eigenen Worten zu formulieren suchen. Noch bevor bei der Taufe jene Stimme aus der Wolke spricht »Dies ist mein geliebter Sohn, an dem ich mein Wohlgefallen habe«, fasst unser Introitus an Weihnachten dieses Bekenntnis des Vaters von Urzeit her – aus dem Munde des Neugeborenen gesprochen – in Töne. Das Kind, das in der harten Krippe so arm und stumm liegt, ist doch so erhaben und beredt wie der Vater.

Mit diesen Worten aus dem Psalm 2 im Munde des Neugeborenen wird zur mitternächtlichen Stunde ein Blick in die Ewigkeit frei, in die Ewigkeit des Anfangs beim Vater und in die Ewigkeit unserer zukünftigen Heilsperspektive, ein kurzer aber tiefer Blick in das anfanglose Geben und Empfangen von Gott her und in das ohne Ende währende Sein und Geborgensein unseres Lebens. Diesen Blick, diesen Augenblick für uns in der Zeit erfahrbar zu machen, dafür steht das Lied. Mit diesem Text zu dieser Stunde können wir uns einüben in die Zuversicht, dass in dieser dunklen Erdennacht zu mitternächtlicher Stunde in der schwachen

Hülle einer menschlichen Kindsgestalt ein ewiges Lichtermeer urgöttlicher Lebensfreude einbricht und dass aus seinen Augen das Morgenrot einer neuen göttlichen Sonne aufleuchtet, die keinen Untergang mehr kennen wird.

Musikalische Betrachtung

Kann eine Melodie so Erhabenes würdiger und einfacher aussingen, als es unser Introitus tut? Hören wir, wie zart das Tongefüge gewebt ist, wie alle Mittel von Tongewalt fehlen und keine Länge ermüdet. Nehmen wir hörend wahr, wie der Sänger die im Textkommentar vor Augen gestellte Perspektive und Interpretation so verinnerlicht und als geschehend meditiert und sie nun so zu singen versucht, dass er sein Verständnis den Zuhörern zu vermitteln vermag. Es ist ein Gesang, der die Stille nicht stört, von der dieses ewige Gespräch geprägt ist. So können wir den, der diesen Text Klang werden ließ, als jemanden verstehen lernen, der sich ergreifen ließ und zu verstehen versuchte und der seine Botschaft weitergibt an einen, der sich ergreifen lassen und verstehen will.

Der melodische Aufbau orientiert sich klar an den zwei Versen des Psalmes, wobei die Beginne der Verszeilen auch musikalisch identisch sind und dadurch klare Bezüge herstellen. Der Gesang ist leise und sanft angelegt, läuft in ruhiger und doch fließender Bewegung, fein und leicht gesungen. Zwei Stellen nur fallen aus diesem ruhigen Duktus heraus und lassen uns aufmerken: *hodie – heute* und *meus – mein*. Diese beiden Worte sind mit Neumenzeichen versehen, die eine breite Ausführung der sonst leisen und leichten Töne verlangen. Aber genau diese beiden Worte sind ja das Entscheidende für den Introitus: Durch das singende Feiern geschieht die aktualisierende Vergegenwärtigung des Erinnerten: Heute ist Christus geboren, heute ist er als der geboren, der sich in nie endender Präsenz uns zugesagt hat, vom Dornbusch bis zum Heute. Es ist nicht irgendein Sohn irgendeines Vaters, es ist der Sohn des Vaters, der vor aller Zeit ist und nach aller Zeit sein wird. Wer diese beiden Neumen so gesetzt hat, hat verstanden: Der Christus, der Gesalbte Gottes, ist heute in die Welt gekommen. Ein wiederholtes Hören dieses Introitus wird uns nicht in eine Weihnachtsstimmung hineinwiegen, aber ruhig und gesammelt werden lassen. Diese Haltungen aber sind Voraussetzungen für die Wahrnehmung dieser Perspektive, die unseren engen Horizont zu weiten vermag.

Dieselbe Ruhe, die unser Introitus ausstrahlt, prägt auch das Bild der Weihnacht auf den Holztüren an der Kirche Maria im Kapitol in Köln (s. S. 107).

Die Antiphon »Natus est nobis«

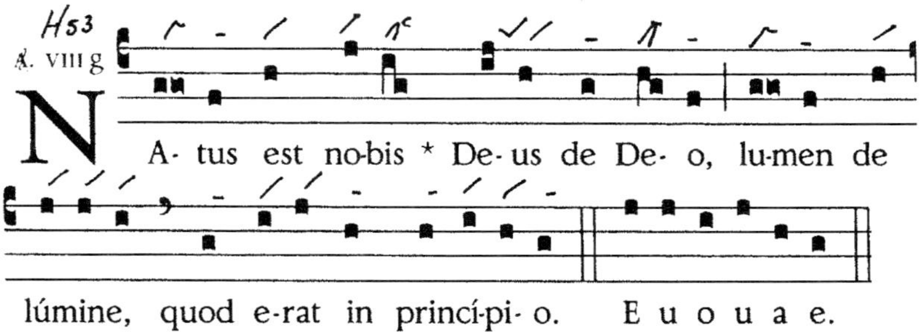

CD 20

Geboren ist für uns Gott von Gott,
Licht vom Licht, wie es im Anfang war.

Deus misereatur nostri et benedicat nobis; *
illuminet vultum suum super nos,

Gott sei uns gnädig und segne uns. *
Er lasse sein Angesicht über uns leuchten.

ut cognoscatur in terra via tua, *
in omnibus gentibus salutare tuum.

So werde auf Erden Dein Weg erkannt *
und unter allen Völkern Dein Heil.

Terra dedit fructum suum; *
benedicat nos Deus, Deus noster.

Die Erde hat ihre Frucht gebracht *
Gott, unser Gott, er möge uns segnen!

Benedicat nos Deus, *
et metuant eum omnes fines terrae.

Segnen möge uns Gott, *
Ehrfurcht haben vor ihm soll die ganze Welt.

Aus Psalm 66 (67)

Draußen
im Freien der Natur,
mit lebendem Strauch und träumenden Tieren,
schwebt mächtig und in weitausladendem Schwung
ein Engel als Bote des Allerhöchsten,
bringt die unerhörte Botschaft, die die Rolle bekundet,
den Hirten, ohne zu reden.
Hier geschieht Wort – bewegt und bewegend.
Die Hirten – sehend und stumm – sind außer Fassung,
aus dem Gleichgewicht,
weil die Knie zittern, ist die Stütze notwendig.

Drinnen
im begrenzten Raum der
Architektur,
mit totem Stroh
und schauenden Tieren,
liegt machtlos und in Windeln gewickelt
das Kind vom Vater von Urzeit her,
bringt sich als Brot, das der Stern bekundet,
für die Welt dar, ohne zu reden.
Hier geschieht Wort – und ist doch Schweigen in Fülle.
Josef und Maria – schauend und still –
sammeln sich in strenger Symmetrie
um die Weltenachse, die alle Not wendet.

Textdeutung

Große Worte sind das. Sie erinnern uns an den Wortlaut aus dem großen Glaubensbekenntnis. Und was wäre angebrachter als tönender Nachhall auf den Introitus der Nacht als diese Worte, die uns jetzt nicht »objektiv« begegnen sondern als Zuspruch uns treffen wollen. Im Introitus der Weihnachtsnacht waren wir mit dem Psalm 2 als Medium an dem großen und doch so stillen Gespräch zwischen Gott als dem ursprungslosen Licht und seinem als Abglanz dieses Lichtes erscheinenden Sohn beteiligt, mit dem die Einzigartigkeit des Kindes in der Krippe für uns ausgesagt wurde. Jetzt steht diese Botschaft in einer deutlichen Zugekehrtheit zu uns. Diese hehren Worte und Begriffe werden nicht gesprochen, uns zu imponieren oder zu ängstigen, sie werden auf uns hin gedeutet, sie eröffnen eine ungeahnte Perspektive für uns: *Natus est* ***nobis*** *– geboren* ***für uns***. Hier liegt unsere Chance, durch Hören und Singen in den Vorgang auch selbst einzusteigen, der uns doch ohne diesen Vorsatz recht abstrakt und objektiv tönt. Aber wenn wir die Gelegenheit ergreifen, in das *»für uns«* einzusteigen, dann sind wir mitten drin in einem Atem, der vom Anfang bis zur Ewigkeit weht, in dem alles und jede Faser unseres Wesens – so hinfällig es uns auch erscheinen mag – aufgehoben ist. Wir hören dabei wieder von ferne die Zeile des Hymnus *Veni Redemptor gentium*: »das neue Licht, das die Nacht atmet« – für uns! Die abstrakte Ferne des Textes, der vom Anfang, vom Principium, vom Prinzip redet, darf uns nicht abschrecken. Die Botschaft unserer Antiphon wird uns verständlich aus unserer Erfahrung von Erhabenheit und Nähe. Durch das Singen und immer wieder Singen und Hören der Antiphon ist ihre Botschaft nun eine andere: Wir sind durch die Geburt Christi in uns in diese »prinzipielle« Perspektive mit hineingenommen, wenn wir nur wollen. Das Angebot liegt als Gesang vor: »für uns«!

Musikalische Betrachtung

Wenn wir den mitternächtlichen Gesang nun dieser kleinen Antiphon hörend gegenüberstellen, so könnte der empfindungsmäßige Unterschied nicht größer sein. Dort die Leichtigkeit und Zartheit der Melodie für die »Stille« des Gespräches zwischen dem Sohn und seinem Vater, hier die freudig laute Tonlage dessen, der uns diese Botschaft »für uns« verkündet. Zumindest der Verkünder hat die sich ihm bietende Chance ergriffen und versucht sie mit seinem Engagement weiterzutragen. Aber wie erhaben die Botschaft auch ist, die kleine Antiphon kann sie uns durch ihre Art im wahrsten Sinne des Wortes nahe bringen. Zunächst unserem Atem: Es liegen zwei überschaubare, atemgesteuerte Melodieteile vor, der eine, durch die Abwärtsführung der Melodie bei *Deo – von Gott* offen, der andere bei *principio – vom Anfang* geschlossen. Auch das ist im übertragenen Sinn ein Atemvorgang. Dabei werden bei beiden Teilsätzen dieselben Melodieteile verwendet, nur jeweils um einen Ton versetzt. Das sollten wir nicht nur hören, sondern eratmen. Unserem Merkvermögen kommt die Wiederholung der Melodie bei *natus est nobis – für uns geboren* und bei *lumen de lumine – Licht vom Licht* sehr entgegen. Nach den großen Sinneinheiten dürfen wir uns beim nächsten Hören und Mitsingen wieder und wieder durch die ehrfurchtsvolle Rücksichtnahme auf das einzelne Wort ergreifen lassen. Alle Akzente erhalten Töne, die in ihrer unmittelbaren Umgebung die höheren sind, die einzige Ausnahme bildet das *erat – wie es war* wegen des zum Schluss hin abspannenden Bogens. Das gewichtige *Deus de Deo – Gott von Gott* erhält auf den Akzenten zwei Töne. Diese sind nach den Informationen, die uns die Neumen geben, gedehnt auszuführen. Wie könnte die Erhabenheit des Textes reduzierter und doch deutlich zur Geltung gebracht werden? Neben den gewichtigen Worten hören wir aber auch besonders auf das *nobis – für uns*. Es ist Zielpunkt des ersten großen Anlaufs der Melodie, erhält dort einen Ton, der gedehnt zu singen ist – das sagt uns die Neume mit dem kleinen Zusatzzeichen am Ende. Damit aber die Nachsilbe nicht in den Sog dieses Akzentes und der gewichtigen Doppelnote der Silbe *Deus – Gott* gerät, teilt ihr der Sängerkomponist zwei leicht zu singende Töne zu und gleicht dadurch aus. Das teilt uns das kleine *c* bei der Neume (*celeriter* – schnell, zügig) mit.

Um Zions willen kann ich nicht schweigen, um Jerusalems willen nicht still sein, bis das Recht in ihm aufstrahlt wie ein helles Licht und sein Heil aufleuchtet wie eine brennende Fackel. Dann sehen die Völker deine Gerechtigkeit und alle Könige deine strahlende Pracht.

Jesaja 62,1–2

Das Glasfenster zeigt uns den Stern aus dem ungeteilten Licht des Kristalls und dem gelbfarbenen Lichtgold. Der Stern strahlt mit diesem sanften Gelb in alle Richtungen aus, auch nach vorn zum Betrachter. In seiner Nähe wird das dunkle Blau aufgehellt. Es vertreibt anschaulich die blauen Dunkelheiten der Nacht an den Rand des Fensters, so wie der Morgenstern als Herold des Tages der Dunkelheit der Nacht ihr Ende zuruft. Wer genau hinschaut, erkennt in dem runden weißen Zentrum des Sterns das Christusmonogramm Chi-Rho.

O Morgenstern, Du Glanz des ewigen Lichtes und
Du Sonne der Gerechtigkeit; nun komm und erleuchte, die sitzen in Finsternis und Todesschatten.

Nun komm
und gib mir eine neue Orientierung für meinen Lebensweg,
richte meine Schritte in der Unbeständigkeit des Dahin
und Dorthin neu auf dich hin aus,
und leuchte mir in den dunklen Stunden meiner Finsternisse und Schattenräume.

Wir müssten nach dieser Betrachtung eigentlich sagen, dass diese Melodie in allen ihren Aufgaben dem Text wie andere in unserem Buch betrachtete auch schon, eins zu eins gerecht wird. Und doch ist es ein eigenes Staunen wert, dass diese kleine Melodie eine Typusmelodie ist, die auch anderen Texten dienen kann und dann entsprechend angepasst wird. Vergleichen wir diese Antiphon mit der in unserem Buch an letzter Stelle betrachteten Antiphon *Lumen* (s. S. 159), so merken wir hörend und sehend, dass es sich um dieselbe Melodieform handelt. Durch ihre Eingängigkeit und ihre erhabene Einfachheit, die in der Psalmodie ihre Quelle hat, ist sie auf ihre qualitätsvolle Weise hier die Verkünderin der Botschaft *Geboren – für uns!*, dort die Verkünderin der Botschaft *Licht – für uns!*

Der Introitus »Lux fulgebit«

Ein Licht leuchtet glänzend über uns auf,
denn geboren ist für uns der HERR
und Er wird genannt: Wunderbarer Gott,
Fürst des Friedens, Vater der zukünftigen Welt.
Seine Herrschaft wird kein Ende haben.

Psalm

Der HERR ist König, Hoheit hat er angelegt,
bekleidet hat sich der HERR mit Macht, sich mit Stärke umgürtet.

Cf. Is. 9, 2. 6; Lc. 1, 33; Ps. 92 CD 21

Textdeutung

Nach dem bedeutungsschweren Psalmtext zum Introitus der Messe in der Nacht, stellt uns die Liturgie für den Introitus der Messe am Morgen (»in aurora«) wieder ein Wort des Propheten vor Augen. Wir sind dieser Gattung schon am vierten Adventssonntag begegnet. Das erste Wort *Lux* hat als Initiale zunächst entscheidende Bildkraft, die es auszufalten gilt: Am ersten Adventssonntag war die erwartungsvolle Erhebung zum Licht als Ausdruck der Sehnsucht zum wirklichen

Licht Ausgangspunkt unserer Betrachtung. Im Hymnus *Conditor alme* wurde das *lux credentium – das Licht der Glaubenden* besungen, im Hymnus *Veni Redemptor gentium* das Licht, das die Nacht neu atmet. In den Liedern des Staunens klang das Licht in dem fünften Lied *O Oriens* an. Nun steht es da als Initiale der Initiale »Introitus« wie am ersten Schöpfungstag: »Und es ward Licht!« Mag auch die Auswahl des Textes vielleicht motiviert sein durch die römische Festfeier des *Sol invictus,* dessen Festdatum die Christen ja übernahmen, um ihr Licht zu feiern, von dem die Sonne Zeuge und Abglanz ist, und mag das *fulgebit* eine Erinnerung an den höchsten Römergott Jupiter sein, der in seiner Hand einen Blitz hält. Für uns ist die Erfahrung entscheidend, die ein Licht, das glänzend aufleuchtet bei uns auslöst. Jetzt und heute, am frühen Morgen, beim ersten Sonnenaufgang, bei der ersten Morgenröte kann uns das Licht aufgehen, auf das unsere Sehnsucht vier Wochen lang gewartet hat. Es ist das Licht, das uns fürderhin unser ganzes Leben erleuchtet: jener neugeborene Christus, das Licht, das unsere Augen glänzend macht und unsere Herzen hell. Die Titel, die der Prophet im zweiten Satz nennt, versuchen dieser Begeisterung Ausdruck zu geben, die zunächst die Hirten in der Nacht und nur wenig später die drei Weisen erfasst und die auch uns ergreifen will: Wunderbarer Gott – weil das Staunen über die unverdiente Nähe des Erhabenen im Kinde nicht enden will; Friedensfürst – weil die Sehnsucht sich nicht stillen lassen will von den Erfahrungen diesseitiger Fürsten und Friedensmacher; Vater der zukünftigen Welt – weil unsere Seele erwartend Ausschau hält nach einem Leben, das ohne Ende und in einer »Anderswelt« geborgen ist, die unser eigentliches Ziel und unsere wahre Heimat ist.

Musikalische Betrachtung

Hören wir den Introitus zunächst wieder ohne Absicht. Öffnen wir alle unsere Sinne. Das geht nicht ohne eine Portion Zeitvergessenheit. Das ist immer die erste Übung. Beim zweiten Hören mögen uns die vom Choral deutlich herausgestellten Worte ins Ohr fallen. Da ist der frohe und entschiedene, mit großer Dynamik sich emporschwingende Beginn, der sich in einem Zuge von unten nach oben (über eine ganze Oktave) erhebt, sich gefällig und leicht auf den drei

Tönen von *hodie – heute* – dieses dadurch wohltuend herausstellend – aufhält. Vergleichen wir dieses *hodie* mit dem *hodie* des Introitus der Mitternachtsmesse. Dieses *hodie* hier wird auf der Schlusssilbe breit ausgefaltet, um einen ersten großen Bogen auf das *nos* als Halbsatz abzurunden. Dabei kann uns auffallen, dass der zweite Ton von *super* etwas fremd wirkt. Weiterhin können wir hören, dass der zweite Halbsatz *Quia natus est – weil geboren ist* wieder unter Verwendung der Dreitongruppe von *hodie* bei *natus* die Melodie des ersten Satzes (ohne den Beginn) als frei verändert wiederholt: Ursache *quia natus est* und Wirkung *Lux fulgebit* sind so musikalisch ganz eng miteinander verbunden.

Die wichtigen Worte *hodie* und *natus* werden dabei mit ein und derselben Tonfigur herausgehoben, die aus drei Tönen der selben Tonstufe besteht, einer so genannten »Tristropha«. Aber einmal bedenkt sie den Akzent *hó-(die)*, das andere Mal die Silbe nach dem Akzent *(na)-tus*. Im ersten Falle stellt die Figur der gewichtigen Bedeutung des Wortes ein entsprechendes Klanggewand zur Verfügung, das andere Mal kann sie die eine Sinnspitze des Satzes *quia natus* herausstellen. Die zweite Sinnspitze des Satzes, das *est nobis Dominus* erhält die schon im ersten Satz eingeführte Tonbewegung mit dem fremden Ton, der nun bereits zum zweiten Mal erscheint. An diese beiden Abschnitte schließt sich nun das *vocabitur* an. Wo wir beim richtigen Sprechen einen Doppelpunkt hören möchten, dort hat der Choral deutlich durch die große Verbreiterung auch musikalisch dafür gesorgt, dass ein Doppelpunkt hörbar wird: wie schon so oft ein Beweis, dass die musikalische Gestalt von einem stets wachsam auf das heilige Wort ausgerichteten Geist beobachtet wird und keine Nachlässigkeit duldet. Die Titel versuchen zu umreißen, was der Neugeborene für die Hirten, für die Sterndeuter und für die Staunenden der Welt, also auch für uns ist: *Admirabile Deus* mit dem besonderen Schwung des ersten Satzes – diesen erinnernd – gestaltet. Nun aber hat der fremde Ton beim dritten Erscheinen die Schlussfigur verändert: Der Introitus befindet sich ab hier in einem anderen Modus. Das ist aber nicht eine theoretische Erkenntnis, sondern eine zutiefst spirituelle: Dort wo es um die Titel des Neugeborenen geht, die die Welt verändern, da bewegt sich auch der Boden, auf dem die Klangwerdung sich vollzieht. Dazu gehören weiterhin die besondere Profilierung durch das Verfahren »eine Silbe – ein Ton« für *Princeps pacis*, das dadurch kurze und bündige Klarheit erhält und die insistierende Figur und auffällige offene Tonbewegung am Schluss für *Pater futuri saeculi*. Damit kehren wir im letzten Satz zurück zur Atmosphäre des Beginns, die noch verstärkt wird durch den Sprung bei *cuius* und den betonten Abstieg des *regni*. Wir hören dabei, dass die Neume für *erit* klar an das *fulgebit* angelehnt ist. Mit einer sehr häufig im Choral begegnenden Schlussformel, die nur aus Schritten gebildet ist, spannt die Melodie den Bogen ab und kehrt auch wieder zum Modus des Anfanges zurück.

Zusammenfassung

Der große und weite Tonumfang, vor allem durch den Beginn markiert, die deutlich und plastisch gesetzten Tonfiguren für die wichtigen Worte, deren Akzente und Stellung und auch der Wechsel des Modus lassen diesen Introitus sehr bewegt und von großer Dynamik geprägt und getragen erscheinen. Er ähnelt damit atmosphärisch deutlich den Bildern von den Holztüren an der Kirche Maria im Kapitol, die uns ebenfalls mit großer Dynamik von der Erscheinung des Engels bei den Hirten erzählen (s. Bildtafel S. 106). Die beiden betrachteten Introiten, die wir übend und betrachtend gehört haben, dürfen zusammengesehen werden mit den beiden Bildern der Holztüren, denn beide geben klingend und darstellend Kunde von der großen Bandbreite des weihnachtlichen Geschehens, die von der meditativen Ruhe und der großen Stille bis zu der äußeren großen Dynamik des bedeutungsvollen Ereignisses der Nacht reicht.

Wir wollen unsere Betrachtung mit einem Zitat des berühmten Choralmagisters von Solesmes, Dom Gajard (1885–1972) schließen: »Es ist unmöglich, die (Choral-)Melodien von Weihnachten zu hören oder zu singen (wir dürfen hinzufügen: die altehrwürdigen Bilder von Weihnachten anzuschauen) ohne mehr und mehr in das einzutreten und dem näher zu kommen, was es mit dem Geheimnis von Weihnachten und der Menschwerdung Gottes in Jesus Christus auf sich hat.«

Die Antiphon »Rex pacificus«

CD 22

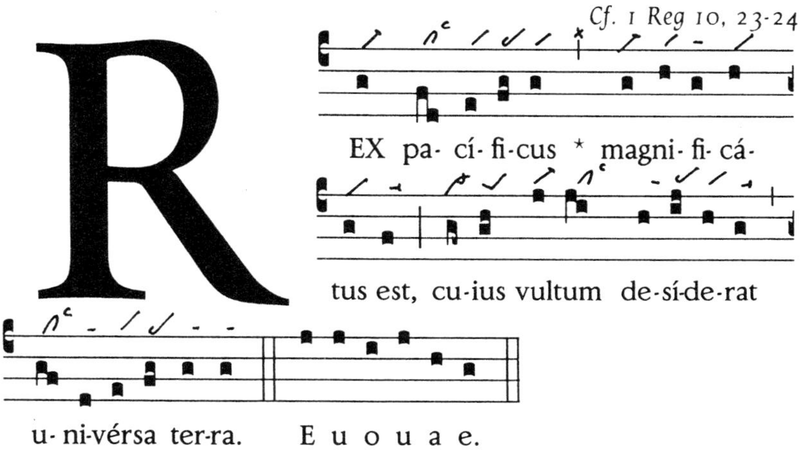

Der König, der Frieden schafft, hocherhaben ist er,
nach seinem Antlitz sehnt sich die ganze Erde.

Deus, iudicium tuum regi da * et iustitiam tuam filio regis;	Verleih dem König, o Gott, Dein Richteramt * und dem Königssohne Deine Gerechtigkeit.
Iudicet populum tuum in iustitia * et pauperes tuos in iudicio.	Er sei ein gerechter Richter über Dein Volk * und verhelfe Deinen Gebeugten zu ihrem Recht.
Iudicabit pauperes populi + et salvos faciet filios inopis * et humiliabit calumniatorem.	Er schafft Gerechtigkeit den Geringen im Volk + den Kindern der Armen bringt er das Heil * und macht ihren Bedrücker zunichte.
Florebit in diebus eius iustitia et abundantia pacis, * donec auferatur luna.	In seinen Tagen blüht Gerechtigkeit und Friede in Fülle *, bis der Mond vergeht.

Aus Psalm 71 (72)

Gott ist König der ganzen Erde.
Spielt ihm ein Psalmenlied! Gott wurde König über alle Völker,
Gott sitzt auf seinem heiligen Thron.

Psalm 47,8 f.

Denn Christus ist unser Friede. Er vereinigte die beiden Teile und riss durch sein Sterben die trennende Wand der Feindschaft nieder. Er kam und verkündete den Frieden und versöhnte die beiden durch das Kreuz mit Gott. Ihr seid auf das Fundament der Apostel und Propheten gebaut; der Schlussstein ist Christus. Durch ihn wird der ganze Bau zusammengehalten und wächst zu einem heiligen Tempel im Herrn.

Epheser 2,14.16.20–21

Das Glasfenster zeigt uns wieder den weißen Kristallstein, der auch in den anderen Fenstern verwendet wird, hier in der Form eines Quadersteines, der die innere Stabilität des roten Mauerwerkes garantiert und als einziger durch seine quadratische Form beiden Richtungen zugehört, während die roten Steine so geformt sind, dass sie eindeutig dem Längs- bzw. Querbalken zugeordnet werden können. So macht der eine weiße Stein aus den zwei Mauern ein stabiles Gebäude. Auch er trägt in sich das Christusmonogramm Chi-Rho.

O Du König der Völker, Du Ersehnter,
Du Schlussstein, der Du die beiden Teile vereinigst; nun komm
und heile den Menschen, den Du aus Erde gebildet hast.

Nun komm
und füge zusammen, was in mir auseinanderdriftet,
gib mir in aller Ambivalenz der Erscheinungen neu
die Sehnsucht nach der Einheit
und erneuere die Kommunikation mit mir, mit dem anderen,
mit den Dingen und mit dir.

Textdeutung

Die gesamte Adventszeit wird durch den Gregorianischen Choral mit Liedern ausgestattet und ausgestaltet, in denen Wörter der Sehnsucht wie *ecce – schau, illumina – erleuchte* und *veni – nun komm* eine herausragende Rolle spielen. Der Choral erschafft dadurch eine singende Gemeinde als lebendige Person, die blickt, liebt und singt von dem, was sie als Teuerstes und Kostbarstes in ihrem Herzen trägt. Der Gang mit diesen Liedern durch die Zeit kann so eine Einübung in eine Haltung werden, die Ihn, den erhabenen Unsichtbaren und doch nahen Sichtbaren, den Gott als Kind in der Stille empfangen möchte, mit Ernst und Würde. Das wiederholte Hören der Lieder des Gregorianischen Chorals kann auch bei uns diese Haltung fördern und eine Begegnung mit diesem notwendigen Innenraum ermöglichen.

Denn die Lieder gehen einen anderen Weg mit uns, als wir ihn mit uns gehen. Sie singen nur von Ihm, sie singen davon, was Er sein wird, was Er machen wird (s. O-Antiphonen, S. 79 ff.). Die ganze Adventszeit steht unter dieser eindringlichen, weil existenziell für uns so bedeutsamen Bitte: »Zeige uns Dein Antlitz und wir sind geheilt.« Martin Buber übersetzt diesen Psalmvers noch intensiver empfindend: »Lichte Dein Antlitz und wir sind befreit« (Psalm 79[80],4).

Und nun steht da die erste Antiphon der Vesper am Heiligen Abend, dem eigentlichen Beginn der Feier der Weihnacht. Was hier von dem klingenden Text vorgestellt wird: »Knapper und einfacher geht es kaum mehr. *Rex pacificus – der König, der Frieden schafft.* Wer sehnte sich nicht nach ihm, wo uns die Realität tagtäglich mit den Enttäuschungen dieser Sehnsucht überhäuft: Herrscher dieser Erde, die mit Macht und Gewalt alles andere als »befrieden« und keinen Frieden zu schaffen in der Lage sind. Aber auch ganz nah in unserem persönlichen Umkreis will nach den Tagen der Hektik und Überreizung alles andere aufkeimen, nur nicht Frieden. Das Bild des in der Antiphon geschilderten Königs meint deswegen keinen neuen Machthaber und empfiehlt auch keine Rückkehr zu monarchischen Strukturen: »König« ist und bleibt ein Bild, ohne das die Sehnsucht der Seele nicht auskommt. Nur ein König, dessen Macht nicht gebrochen werden kann, kann uns wirklich und dauerhaft frei machen. Das Wort *rex* steht ja hier nicht nur als erstes Wort der Antiphon. Es ist das erste Wort in der ersten Feier des ersten Weihnachtstages, der nach biblischer Tradition mit dem untergehenden Licht beginnt: ab jetzt ist Ankunft. Und das erste Wort lädt ein, dass auch wir – singend – ihm in unserem Leben die Bedeutung geben, die es aussagt.

Dem König des Friedens, auf den die ganze Erde, auf den jeder Einzelne voll Sehnsucht wartet, dessen Kommen wir im Advent betend und singend ersehnt haben, ihm gilt der Lobpreis. Das *magnificatus est* entspricht dabei so recht dem *Adonai*: Hocherhaben ist Er. Aber mit diesem Hoheitstitel wird nicht eine politische Größe belegt, sondern der Neugeborene, das Kind in der Krippe, ein Wesen, das wie kein anderes ein Bild abgibt für die Nähe zum Menschen, für die Nähe zum Menschlichen, für die Nähe zu unserer Art. Hier klingt mit einer anderen Sprache, die auch die unsrige sein kann, das *Adonai* an: sowohl die Erhabenheit als König des Friedens als auch die Nähe des Kindes als Verheißung. Und der Friede wird deswegen kein fauler Friede sein, schon gar nicht ein aufgedrückter, erbombter Friede, es wird ein Friede sein, der im Herzen entstehen kann, weil das menschliche Leben durch sein Kommen wieder seiner eigentlichen Berufung gewahr wird.

Der zweite Teil des Textes singt von der Sehnsucht der Erde nach diesem König, singt davon, dass sie dieses Königs des Friedens endlich ansichtig werden will. Und das ist das Entscheidende: Nun kann in der Annahme des Neugeborenen als Christus endlich der Friede auch für jeden von uns ein Aussehen, ein Gesicht erhalten. Nun kann – wenn wir nur wollen, dass der neugeborene Christus uns begleitet – das *ostende nobis* und der Psalmvers *Lichte Dein Antlitz und wir sind befreit* in Erfüllung gehen, denn Friede und Befreiung gehören untrennbar zusammen. In diese Friedensperspektive ist nicht nur der Mensch hineingenommen, nein, »die ganze Schöpfung seufzt und liegt in Geburtswehen und wartet auf das Offenbarwerden der Herrlichkeit Gottes« (Römer 8,22).

Lassen wir uns also von der Haltung, die durch das Singen entsteht, anstecken, den Frieden, den wir an Weihnachten uns gegenseitig immer wieder wünschen und der in der Tat dringlicher ist als etwas anderes in der Welt, als Geschenk zu begreifen, wie jede Familie in Erwartung ein Kind als Geschenk begreift. Mögen wir also begreifen, dass dieser Friede ein erhabenes und ein nahes Gesicht trägt, erhaben, weil er nicht von dieser Welt ist, nahe, weil er sich uns in dieser Welt gezeigt hat.

Musikalische Betrachtung

Wir erkennen bei mehrmaligem Hören, beim Mitsummen oder Mitsingen dieser kurzen und so prägnanten Antiphon eine wohltuende und ausgeglichene melodische und formale Anlage, die ganz und gar von der Sprache gesteuert wird.

Wenn wir den Text langsam und wiederholt sprechen, werden wir seiner Eigenart sehr schnell inne. Das Sprechen und das Hören dieses Textes kann uns ebenso ergreifen wie das Lesen. Der erste Atembogen spannt sich bis zum *magnificatus est – hocherhaben*, bleibt aber offen durch den Ton auf *est – ist er*. In ihn eingebettet finden die kleineren Sinneinheiten *rex pacificus – der König, der Frieden schafft* und *magnificatus est* Berücksichtigung. Der melodische Bogen bleibt bescheiden in seinem Umfang. Die Berücksichtigung von Nebensilben erfolgt durch bewegte, leicht zu singende Zweinotengruppen, die keine Nebensilbe in den Sog eines Akzentes kommen lassen. Im Grunde wird die Melodie aus nur drei Tönen gebildet: dem Ton im mittleren Zwischenraum, dem darüber und dem darunter. Im zweiten Teil der Antiphon wird diese bescheidene Amplitude allerdings erheblich vergrößert. Das Wort *vultum – Gesicht* ist in den höchsten Bereich der Antiphon gesetzt und auch durch das Neumenzeichen – übrigens dasselbe wie bei dem wichtigen Wort *rex* zu Beginn! – herausgehoben, ebenso wie das *cuius – sein* das auf beiden Silben zwei breite Noten erhält. So bekommt die zentrale Botschaft des Textes hörbare Klanggestalt: Jetzt – hic et nunc beim Singen – ist Ankunft, ist Ansichtigwerden des Friedens! In der zweiten Zeile können wir dann am Ende noch zwei sehr schöne Dinge wahrnehmen: in ausgleichender Entsprechung gibt es wie im ersten Teil auch hier zwei Sinneinheiten: *cuius vultum desiderat – nach seinem Gesicht sehnt sich* und *universa terra – die ganze Erde*. Die dazugehörige Melodie lässt sich fast vollkommen wie ein schwingender Bogen nachzeichnen und das *universa terra* nimmt durch die Wiederholung des Motivs von *rex pacificus* auf diesen Bezug und kann so die Antiphon wohltuend abrunden und ruhig beenden. Lassen wir unser Herz durch wiederholtes Hören und Singen dieses Juwels befrieden und Kontakt zu jenem Neugeborenen finden, der Nähe und Erhabenheit verkörpert, der alle und alles auf dieser Erde bei sich aufgehoben sein lassen will und wahrlich *rex pacificus* ist.

Zusammenfassung

Wieder erkennen wir im übenden Nachsinnen, im stillen Hören oder im mitsingenden Vollzug, mit welch großer Ehrfurcht, mit welch tiefer Versenkung in das Geschehen und mit welch inniger Anteilnahme, sowohl an der äußeren Gestalt als auch an dem Bedeutungsgehalt des Textes, die kleine Antiphon gearbeitet ist – von einem Menschen, der spürte, dass er in dieses Geheimnis des Friedens einbezogen war. Lassen auch wir uns durch Hören oder Singen einbeziehen in diese einzigartige und unzerstörbare Friedensverbindung.

Der Hymnus »Christe Redemptor omnium«

▷ CD 23

Christe, Redemptor omnium,
ex Patre, Patris Unice,
solus ante principium
natus ineffabiliter.

Christus, Erlöser aller Welt,
der Du als des Vaters wahrer Sohn
allein vor Anbeginn aus Ihm
geheimnisvoll geboren bist.

Tu lumen, tu splendor Patris,
tu spes perennis omnium,
intende quas fundunt preces
tui per orbem servuli.

Du Licht, Du Abglanz des Vaters,
Du ewige Hoffnung aller,
höre die Bitten Deiner Diener,
die vom ganzen Erdkreis zu Dir dringen.

Salutis auctor, recole
quod nostri quondam corporis,
ex illibata Virgine
nascendo, formam sumpseris.

Du Urheber des Heils, denke daran, dass Du
unseres Lebens Gestalt einst annahmst
durch Deine Geburt
aus jungfräulichem Schoß.

Hic praesens testatur dies,
currens per anni circulum,
quod solus a sede Patris
mundi salus adveneris;

Dies kündet uns der heutige Tag,
der nun im Jahreskreis wiederkehrt,
dass Du vom Thron des Vaters zu uns kamst,
als das Heil der Welt zu uns gekommen bist.

Hunc caelum, terra, hunc mare,
hunc omne quod in eis est,
auctorem adventus tui
laudat exsultans cantico.

Es preisen Himmel, Erde, Meer
und alles, was sich darin regt, Ihn,
der Dich gesandt hat,
mit freudigem Jubellied.

Nos quoque, qui sancto tuo
redempti sumus sanguine,
ob diem natalis tui
hymnum novum concinimus.

Auch wir, die wir durch
Dein heiliges Blut erlöst sind,
singen ein neues Lied
auf den Tag Deiner Geburt.

Jesu tibi sit gloria ,
qui natus es de Virgine,
cum Patre et almo Spiritu,

in sempiterna saecula. Amen.

Jesus, Dir sei Ehre,
der Du aus der Jungfrau geboren bist,
Ehre auch dem Vater und dem
Leben spendenden Geist
in alle Ewigkeit. Amen.

Textdeutung

Der unbekannte Autor aus dem Ende des 6. Jahrhunderts dichtet seinen Hymnus ganz im Geiste des heiligen Ambrosius. Sein Kennzeichen ist die vom Staunen gespeiste, preisende Anrede, hier – da es ja der Hymnus für den Festtag selber ist – fast mit Enthusiasmus vorgetragen. Es ist das Lied eines Liebenden, von einer Zartheit ohnegleichen, geprägt von einem Sich-Hineinsingen in die unbegreiflichen Wunder, die durch das Singen selber wieder lebendig werden. Es ist also ein Loblied, das als Höhepunkt all das noch einmal abbildet, was wir auf dem Wege bisher Stufe für Stufe, Antiphon für Antiphon, Introitus für Introitus und O-Antiphon für O-Antiphon staunend zu buchstabieren gelernt und anzunehmen versucht haben. Die einzelnen Anreden, die wunderbaren Taten und – singend, preisend, anredend – unsere Mithineinnahme in dieses Wunder: dass der Glanz des Vaters aufscheint in unserer Welt, um uns zu unserer eigentlichen Berufung, zum Heil zu führen.

Dabei erinnert die erste Strophe an den Introitus der Nacht, der uns den Ankommenden nicht als einen unter vielen, sondern als den Gesalbten Gottes von Urzeit her vorstellt. Die zweite Strophe erinnert deutlich an das Sehnsuchtslied *O Oriens* und an den Introitus der zweiten Weihnachtsmesse *Lux fulgebit*, die diesen Ankommenden als Hoffnungslicht der Welt preist. Die dritte Strophe gemahnt an das Wunder der Geburt aus der jungfräulichen Mutter, so wie wir es in den beiden Adventshymnen schon preisend ausgesagt gefunden haben. Die vierte Strophe mahnt uns an das wunderbare Geheimnis, dass uns durch unser singendes Feiern jedes Jahr immer neu dieses »Heute« als die aktuale Vergegenwärtigung geschieht. Die fünfte Strophe besingt, was wir schon bei der Antiphon *Rex pacificus* fanden: Die Ankunft des Erlösers und Friedensbringers ist nicht allein eine Sache zwischen Gott und den Menschen, sie betrifft die gesamte Schöpfung und ist somit ein kosmisches Ereignis, das alle Wesen in sich einbezieht. Am schönsten hat diesen Gedanken der heilige Paulus formuliert, wenn er spricht: »Die ganze Schöpfung seufzt und liegt in Geburtswehen und wartet auf das Offenbarwerden der Herrlichkeit Gottes« (Römer 8,22).

Da sagte Jesaja: Hört her, ihr vom Hause David. Darum wird euch der Herr von sich aus ein Zeichen geben: Seht, die Jungfrau wird ein Kind empfangen, sie wird einen Sohn gebären und sie wird ihm den Namen Immanuel (Gott mit uns) geben.

Jesaja 7,13 f.

Der Herr ist unser Richter, der Herr gibt uns Gesetze; der Herr ist unser König, er wird uns retten.

Jesaja 33,22

Das Glasfenster zeigt uns in seiner Mitte im oberen Bereich ein großes helles Licht, das wie eine Sonne am Mittag alle und alles beleuchtet. Nach dem Morgenstern ist hier auch noch einmal direkt auf die Sonne der Gerechtigkeit Bezug genommen. Sie verbreitet mit ihrer nach außen hin gelben und dann roten Aura kein kaltes Licht, sondern strahlt wohltuende Wärme aus und liegt gegenüber dem »tiefen« Blau der Ferne mehr in der Nähe des Vordergrundes. Das Fenster erinnert mit diesen Farbelementen sehr stark an die Farbgebung im Bild »O Adonai«, das ja für den Namen Gottes »Ich bin bei dir« steht. Auch hier können wir in dem kreisrunden Kristall das Christusmonogramm mit den griechischen Buchstaben Chi und Rho erkennen.

O Emmanuel, Du unser König und Gesetzgeber,
Du, nach dem die Völker Ausschau halten, Du ihr Heiland, nun komm,
heile uns, Herr, unser Gott.

Nun komm

und gib mir in Deiner Begleitung eine neue Perspektive für das Leben,
gib meiner Sehnsucht nach Frieden und Gerechtigkeit neue Nahrung
und lehre mich neu sprechen: Du mein Herr und mein Gott.

Musikalische Betrachtung

Die Melodie zu diesem Festtagshymnus ist ausführlicher und breiter ausgeformt als alle bisherigen. Der großen Freude über ein großes Ereignis gebührt eine große Melodie, die uns einlädt auch durch ihre besonders schöne Gestalt miteinzustimmen in diese große Freude. Ihre Gestalt ist einzigartig. Bisher sind uns Bogenformen begegnet, die wir hörend eingeübt haben, heute steht uns eine eigene Gestalt vor Augen. Hören wir zunächst den gesamten Hymnus, vielleicht summen wir bei der zweiten oder dritten Strophe die Melodie mit oder lassen uns einfach von ihr forttragen. Wir merken dann allmählich, dass die erste und vierte (die letzte) Verszeile identisch sind und je einen kleinen Bogen ausbilden, der gerade mal einen Umfang von vier Tönen (Quart) hat. Die höchsten Töne tragen zwar die Akzente (*redémptor* und *ómnium*), die nicht betonten Silben des metrisch gebundenen Textes tragen dafür aber häufig zwei Noten, sodass sich eine wohltuende Geschmeidigkeit der Melodie ergibt, die dadurch das akzentuierende Versmaß fein ausbalanciert. Die zweite und dritte Verszeile bilden dann untereinander einen großen Bogen aus, der wieder in dem Rhythmus Einatmen – Ausatmen gestaltet ist. Höhepunkt des Bogens – quasi Schlussstein – bilden die Noten mit der gezackten Note (Quilisma), die für den Sänger ein Hinweis ist, diese Tonbewegung nach oben mit besonderer Emphase zu singen. Bei mehrmaligem Hören – über Jahre hinweg wird sie immer schöner und tiefer empfunden – wird sich ein Bild für diese Melodiegestaltung einstellen: Der Bau ist vergleichbar einer dreischiffigen Kirche, deren Seitenschiffe niedriger und weniger breit sind, deren Hauptschiff aber Höhe und Breite entfaltet. Eine wunderbare Melodie zum Lob und zur Bewunderung über die Ankunft und das Offenbarwerden des Glanzes des Vaters zu unserem Heil.

7. STATION

Das Fest der Erscheinung des Herrn (Dreikönig) –
Das schenkende Staunen

Seht, gekommen ist der Herrscher, der HERR,
und das Königtum ruht in seiner Hand und
Macht und Herrschaft.

Psalm

Gott, gib Dein Gericht dem König,
und Deine Gerechtigkeit dem Sohne des Königs.

Der Introitus »Ecce advenit«

▷ CD 24

Textdeutung

Bei dem zweiten Weihnachtsfest am 6. Januar handelt es sich wie schon beim Fest am 25. Dezember nicht um ein historisches Datum der Christenheit. Auch dieses Fest geht zurück auf ein von den Christen vorgefundenes. Im Orient beging man am 6. Januar das Fest des Äon, des Gottes der Zeit und der Ewigkeit, und in Ägypten zeigte sich an diesem Tage der Pharao. Aus diesem Grunde liegt der Akzent beim christlich umgedeuteten Fest am 6. Januar stärker auf der

Erscheinung Christi als neuer König und Weltenherrscher mit einem Thron, dessen Stützen Recht und Gerechtigkeit sind, während die Christen am 25. Dezember mehr die Geburt des Kindes Jesus feiern und in Erinnerung rufen. Von diesem Sachverhalt her ist auch die Auswahl des Textes unseres Introitus bestimmt, allerdings mit einem ganz wesentlichen, ja radikalen Unterschied. Die Erscheinung unseres Königs und Erlösers ist ja mitnichten öffentliches Großereignis mit mächtiger Medienpräsenz und Polizeiaufgebot. Unser Heiland und Friedensbringer erscheint zunächst den Hirten auf dem Feld, einer von der sozialen Hierarchie der damaligen Zeit aus gesehen nicht gerade hochgeachteten Gruppe. Er erscheint dann den drei Sterndeutern, das sind zunächst einmal in unserem Verständnis Heiden. Auch die Taufe am Jordan ist öffentlich nicht aufsehenerregend, die Hochzeit zu Kanaan bleibt im Rahmen einer Familienfeier. Und schließlich findet die Begegnung mit dem greisen Simeon, die vierzig Tage nach Weihnachten am 2. Februar, also an Mariä Lichtmess festlich begangen wird (wir haben dieses Fest deshalb als Abschluss in unserem Buch noch als Übung mitaufgenommen) am Rande des öffentlichen Tempellebens statt. Dies ist aber keineswegs bedauerlich sondern zutiefst tröstlich: Der eigentliche Herr der Welt, unser Herr der Welt, der eine Herrschaft des Rechts und der Gerechtigkeit im Sinne hat, der Macht hat, uns wieder zu Kindern Gottes zu wandeln, er erscheint den Staunenden, den Gottsuchern, denen, die spüren, was tiefe Freude ist. Bei Matthäus steht dafür etwas sehr Bezeichnendes, das gerne überlesen wird: »Als sie den Stern sahen, wurden sie von sehr großer Freude erfüllt« (Matthäus 2,10). Er erscheint denjenigen, denen als ans Dunkel gewohnten Menschen das Licht der Sterne (vgl. Hymnus *Conditor alme*, S. 38) zum Symbol des wahren Lichtes wird, denen das Licht im Herzen aufgeht, denen, die sehnsuchtsvoll rufen: Nun komm doch endlich (vgl. Hymnus *Veni Redemptor gentium*, S. 65). Die Würde unseres heute gefeierten Königs manifestiert sich nicht im Goldornat äußerer Pracht, sondern im Lichtglanz innerer Schönheit. Dieser ist nun angekommen, und unsere Feier, für die der Gregorianische Choral seine Gesänge bereitstellt, erinnert und aktualisiert diese Ankunft für jeden Feiernden. Wir haben im Advent im täglichen Responsorium *Veni ad liberandum nos* gesungen, wir haben den Hymnus *Veni, Redemptor gentium* gesungen, wir haben jeden Abend ab dem 17. Dezember in den großen Sehnsuchtsliedern unser *veni* angestimmt. Nun ist das Ziel erreicht: *Ecce, advenit – Sieh mit Staunen: Er ist angekommen.* Das kleine Wort *ecce* kann uns große Dienste leisten zum Verständnis des Introitus. Es geht ja nicht um eine objektive Tatsachenfeststellung, es geht um eine Mitteilung. Denn dieses *ecce* ist eine demonstrative Partikel, mit der jemand auf eine Erscheinung hinweist, die Aufmerksamkeit auf die Betrachtung eines Gegenstandes gerichtet haben will oder der Empfindung oder dem Geiste eine Sache vorführt, die sich dem Mitteilenden plötzlich und unerwartet gezeigt hat oder ihm etwas noch nicht Dagewesenes andeutet. Das staunende Erkennen kann nicht bei sich selbst bleiben, es will weitererzählt, weitergegeben werden – wie besser denn durch Singen?

Musikalische Betrachtung

Das erste Hören, wie wir es empfehlen, stehe ganz unter dem Zuruf: *Ecce*! – Schau! Hör hin! Lass den Klang der Worte bei Dir herein! Mach alle deine Sinne auf!

Beim zweiten Hören mag die kompakte Form und die einfache Melodie für einen so erhabenen Text überraschen, doch ist bekanntlich die Erhabenheit der Einfachheit Nachbar. Jeder Kontakt mit einem Gegenstand unseres Staunens kann uns das immer wieder lehren. Wir erinnern uns auch an den Introitus der Mitternachtsmesse von Weihnachten *Dominus dixit*. Auch dort war der ganze Gesang – wie hier – auf einen ganz bestimmten Ton hin orientiert, der die gesamte Melodie von eher bescheidenem Umfang dominiert.

Ein drittes, nun schon etwas geübtes Hören schließt uns zur erhabenen Einfachheit auch den dazugehörigen klaren Aufbau auf. Die drei Abschnitte sind deutlich zum großen Bogen gestaltet. Erster und dritter Abschnitt reimen den Schluss, der mittlere schließt markant einen Ton tiefer als die beiden anderen. Trotzdem ist aber über die ganze Anlage ein Anwachsen gebreitet, das sich hörbar macht vom tiefen Beginn bei *Ecce* bis dahin, wo bei *imperium – Herrschaft* dreimal der höchste Ton nacheinander erklingt. So liegt ein guter Bewegungsduktus von *regnum – Königtum* (nur Schlüsselton) zu *potestas – Macht* (einmal über den Schlüsselton hinaus) bis zu *imperium – Herrschaft* vor (dreimal darüber hinausgreifend).

Ein weiteres Hören mag uns Differenzierteres über die Klanggestalt vermitteln. Aus der Tiefe des *Ecce* wächst die Melodie bis zum *advenit – gekommen,* erreicht den Schlüsselton auf dem Akzent dieses Wortes. Beim nächsten Titel wird dieser gewonnene Ton melodietragend, wegen der Zielsetzung *Dominator* → *Dominus* wächst hier die Melodie erstmals über diesen Ton heraus. Die erste Sinneinheit ist damit abgeschlossen und eine musikalische Floskel stellt sich in den Dienst dafür. Auch im zweiten Abschnitt verhält es sich so. Aber wir sollten nicht leichtfertig an einer Möglichkeit vorbeigehen, mit der der Choral wichtige und wesentliche Worte in den ihnen gebührenden Klang zu stellen vermag. Wir beobachten das zunächst einmal bei *regnum*. Die Optik der Noten: einen Ton für den Akzent *ré-(gnum)* und drei für die Nebensilbe *(re-)gnum* scheint dem natürlichen Wortgewicht zu widersprechen. Aber die Neumen darüber sprechen eine andere Sprache: Hören wir, wie durch die Berücksichtigung des Akzentes auf der ersten Silbe und der Berücksichtigung von drei ganz leicht und zart klingenden Tönen die natürliche Gewichtsverteilung der Worte erhalten bleibt und doch auch das gesamte Wort, wegen seiner Bedeutungstiefe wohlbemessen herausgehoben wird. Dieses Verfahren wird in unserem Gesang häufiger angewendet. So bei *dominator* und bei *potestas*, dort aber so, dass schon die Vorsilbe den Klang vorbereitet, in den sich der Akzent wohltuend einbetten kann.

Hören wir den Introitus noch einmal als einen Gesang, der in seiner Erhabenheit von der Würde eines Königtums singt, das uns nicht Lasten aufbürdet, sondern uns von innen her befreit, von einem König, der die Mächtigen vom Thron stürzt, die Niedrigen erhebt, der die Reichen mit leeren Händen gehen lässt und die Hungernden mit Gütern erfüllt (vgl. das *Magnificat*, Lukas 1,46 ff.).

Die Antiphon »Vidimus«

CD 25

Wir haben seinen Stern im Aufgehen gesehen
und wir sind mit Gaben gekommen, den HERRN anzubeten.

Reges Tharsis et insulae munera offerent, *	Die Könige von Tharsis und von den Inseln bringen Geschenke, *
reges Arabum et Saba dona adducent.	die Könige Arabiens und Sabas nahen sich ihm mit Gaben.
Et adorabunt eum omnes reges, *	Alle Könige werden sich vor ihm niederwerfen, *
omnes gentes servient ei.	alle Völker werden ihm dienen.

Aus Psalm 71 (72)

Textdeutung

Die drei Sterndeuter aus dem Morgenland oder, wie sie im Volksmund heißen, die heiligen drei Könige singen unsere Antiphon. Aber für den Sänger der Antiphon ist es nicht wichtig, diese drei Weisen historisch zu untersuchen, er will, indem er ihr Lied singt, ihre Erfahrungen erinnern. Wenn es uns singend und betrachtend gelingt, aus der Ansicht eines Sternes diesen als Mitteilung des Schöpfers an uns zu sehen, werden auch wir erfüllt von einer Sehnsucht, Ihn zu suchen, zu erkennen und anzubeten. Unsere Gaben werden nicht Gold, Weihrauch und Myrrhe sein, aber doch das, was hinter den Gaben steht: reines, lichtes Denken unseres Geistes, geläutertes Fühlen unserer Seele und Dienenwollen unseres Leibes. So kann der überlieferte Text der Bibel durch den Gesang der Antiphon auch unsere Erfahrung aussingen: Wir haben den Stern gesehen, durch den die Nacht ein neues Licht atmet. Das drängt uns täglich auf den Weg, Ihn anzubeten, Ihm das Geschenk des Lobpreises darzubringen.

Musikalische Betrachtung

Diese kleine Antiphon ist einfach und klar, wie wir es schon durch mannigfaltige Übung erfahren haben. Das Lied entfaltet seine bescheidenen Bewegungen stets auf das Wichtige hin, ohne das weniger Wichtige zu vernachlässigen: *vídimus stéllam éius!* Nicht irgendein bedeutendes astronomisches Objekt haben die Weisen gesehen, sondern den Stern, der ihnen und uns erneut gezeigt hat, dass die Naturerscheinung eine Bedeutung, einen Mitteilungscharakter hat. Diese Erkenntnis aber hat Folgen. Dem *vidimus* ist das *venimus*, dem *stellam eius* die *muneribus* musikalisch nachgestaltet. Die Folgen zielen also nicht auf etwas Eigenes, sondern auf den Lobpreis des Herrn, der sich offenbart, den Königen, den Hirten und uns. Wir müssen nur die Augen wieder einüben, neu zu sehen. Helfen kann uns das Einstimmen in die alten ehrwürdigen Lieder, die aus diesem Geiste geschaffen wurden.

Hier
ist ein großer
König,

der andere klein macht.
Seine Macht ist so in »Wirk«-lichkeit klein.
Er hat Macht, die Leibwache braucht.
Hier ragt die Speerspitze geradewegs hinauf.
Er sieht von oben herab und argwöhnt.
Dieser König macht aus den drei Sterndeutern
eine beengte und ängstliche Schar,
die sich im Kreise dreht.

Hier
ist ein kleiner
König,

der andere groß macht.
Seine Macht ist so in »Wirk«-lichkeit groß.
Er ist Macht, die Maria leib-haftig gemacht.
Hier strahlt der Stern kreisförmig herab.
Er sieht von unten nach oben und segnet.
Dieser König macht aus den drei Sterndeutern
eine frohe und freie Gemeinschaft,
die am Ziel ist.

Der Hymnus »Hostis Herodes«

CD 26

Hostis Herodes impie,
Christum venire quid times?
Non eripit mortalia
qui regna dat caelestia.

Herodes, ruchloser Feind,
was fürchtest du, dass Christus kommt?
Der raubt dir nicht dein vergängliches Reich,
Er, der himmlisches Reich schenkt.

Ibant magi, qua venerant
stellam sequentes praeviam,
lumen requirunt lumine,
Deum fatentur munere.

Es folgten die Weisen dem
vorausgehenden Stern, den sie geschaut hatten.
Mit dem Lichte suchen sie das Licht
und bekennen mit Geschenken ihren Gott.

Lavacra puri gurgitis
caelestis Agnus attigit;
peccata quae non detulit
nos abluendo sustulit.

Das Lamm aus dem Himmel taucht ein
in das Bad der klaren Fluten;
von Sünden, die es selbst nicht begangen hat,
wäscht es uns rein.

Novum genus potentiae:
aquae rubescunt hydriae,
vinumque iussa fundere
mutavit unda originem.

Eine neue Art von Macht wird offenbar:
Das Wasser in den Krügen wird rot.
Auf sein Geheiß fließt der Wein,
des Wassers Art hat sich gewandelt.

Iesu, tibi sit gloria,
qui te revelas gentibus,
cum Patre et almo Spiritu,
in sempiterna saecula. Amen.

Jesus, Dir sei Ehre,
der Du Dich den Völkern offenbarst,
zusammen mit dem Vater und dem gütigen Geist
in alle Zeit und Ewigkeit. Amen.

Textdeutung

Für das Fest der Erscheinung des Herrn entfaltet uns der Hymnus in seiner Bildersprache die Zeichen, in denen sich die neue Herrschaft des *Rex pacificus* und des *Dominator Dominus* zeigt. Diese Zeichen sind wichtig, weil wir bei entsprechender Sensibilität und Ausrichtung unserer Sinne, diese Zeichen, in denen sich auch für uns die Ankunft der neuen Königsherrschaft ankündigt, immer und immer wieder neu entdecken können. Denn auch die Ereignisse, von denen die Heilige Schrift berichtet und die in unserem Hymnus bekennend und preisend nachempfunden werden, sind für die Sinne wahrnehmbar. So, dass in ihnen der dreifaltige Gott sichtbar wird, dessen Lobpreis ja immer jeden Hymnus auch abschließt. Die drei Sterndeuter werden durch den Stern zum Königsohn geleitet und bringen ihm anbetend ihre Gaben (s. 2. Strophe). Bei der Taufe Christi im Jordan – dieses Ereignis erinnern wir ebenfalls an Erscheinung des Herrn – bezeugt der Vater den von Johannes Getauften als seinen Sohn: »Dies ist mein geliebter Sohn, an dem ich mein Wohlgefallen gefunden habe« (s. 3. Strophe). Die Gabe an die Gäste der Hochzeit zu Kanaan ist konkretes, für die Sinne wahrnehmbares Zeichen der Wirksamkeit des Geistes (s. 4. Strophe). Dieser Dreischritt wird uns auch wieder im Osterfestkreis deutlich beim Kreuzestod Christi, des Sohnes, bei der Rückkehr zum Vater an Christi Himmelfahrt und bei der Geistsendung an Pfingsten.

Die erste Strophe macht uns durch ein Kontrastbild deutlich, welch anderer Art nun der König der suchenden Sinne und der empfindenden Herzen ist. Diesen Kontrast haben die beiden Szenen der Holztüren von Maria im Kapitol auch bildlich ausgeführt (s. S. 136/137).

Es mag hier als Ergänzung von Interesse sein, dass unser Hymnus, der die ganze Fülle der Wirksamkeit der Erscheinung des Herrn vor uns in den drei großen Bildern entfaltet, nur ein Ausschnitt aus einem Hymnus ist, den uns der frühchristliche Dichter Sedulius (ca. 450 n. Chr.) geschenkt hat und der das gesamte

Leben Christi in 23 Strophen hymnisch besingt. Dabei beginnt jede Strophe mit einem neuen Buchstaben des Alphabets und erzählt uns so auf hymnische Weise die Geschichte des Erlösers »von A bis Z«.

Musikalische Betrachtung

Die Melodie des Festtagshymnus ist wie an Weihnachten reichhaltiger, verzierter, ausgreifender, insgesamt größer und durchaus auch kunstvoller als die Hymnen des Advent. Das können wir daran ermessen, dass teilweise drei bis vier Töne auf eine Silbe gesungen werden. Diese Vornehmheit hat natürlich wieder mit dem Inhalt zu tun, der ein großes Festgeheimnis preist. Nähern wir uns Schritt für Schritt, hörend und übend.

Wieder können wir in der hochausgreifenden Gesamtmelodie einen Bogen erkennen, der seinen höchsten Spannungspunkt nicht am Ende der zweiten Verszeile, sondern zu Beginn der dritten Verszeile hat, dort, wo stets von den staunenerregenden Ereignissen die Rede ist: *Er nimmt dir, Herodes, nichts weg; die Weisen suchen durch ein Licht das wahre Licht; er nimmt Sünden weg, die er gar nicht beging* und *plötzlich wandelt sich das Wasser zu Wein.* Aber es lohnt sich, den großen Bogen genauer zu verfolgen, ihn hörend zu betrachten und betrachtend zu hören: Ein großer Schwung führt unsere Melodie vom ersten Ton an bis zum Anfang der dritten Verszeile. Dieser Schwung verbindet sich mit einer Geschmeidigkeit der melodischen Linie, die wie ein mäandernder Fluss sich fügt und doch immer wieder einzelne wichtige Töne leise durchhörbar macht. Aber auch der fortschreitende Abstieg vom Höhepunkt, der zwei ganze Vershälften beanspruchen darf, ist nicht weniger bemerkenswert. Hier erfreuen uns besonders die anmutig geführte, absteigende Wellenbewegung ohne Sprünge, die die Melodie durch wohlbedachte Aufnahme von Erinnerungen an den Beginn zu ihrem Ausgangspunkt zurückführt. Die mittelalterliche Lehre vom Ethos der Tonarten spricht bei der Tonart unseres Hymnus vom Ton der Bewunderung, der überschwänglichen Freude, auch der Verzückung und vom Ton der geheimnisvollen Paradoxien. Versuchen wir beim Hören und Singen von diesem Ton unsere Bewunderung und unsere überschwängliche Freude entzünden zu lassen.

8. STATION

Nach Erscheinung I –
Das universale Staunen

Jedes Land soll Dich anbeten, Gott, und Dir singen.
Ein Lied singe es Deinem Namen, o Höchster.

Psalm

Jauchzt Gott zu, alle Lande, singt Seinem Namen,
gebt ihm die Ehre Seines Lobes.

Der Introitus »Omnis terra«

CD 27

Textdeutung

Mit diesem Introitus begeben wir uns in die Zeit nach den großen Festen Weihnachten und Erscheinung des Herrn. Uns interessiert jetzt vor allem, wie der Gregorianische Choral mit der Tatsache umgeht, dass die Festzeit nun vorbei ist. Wird er sich leiten lassen von unserem Alltagsdenken? Das Fest ist vorbei, die Rückkehr zur Normalität der Tagesordnung ist angesagt, nun tritt die normative Kraft des Faktischen wieder in ihr Recht. Keineswegs! Er wird damit genau so umgehen wie ein Staunender mit etwas umgeht, was vorbei ist. Er wird es in seinem Herzen immer wieder lebendig werden lassen, als wertvollen Schatz bewahren, es häufig der Erinnerung vor Augen stellen und es versuchen weiterzusagen. Wie sieht das im Gregorianischen Choral aus? Als ein Übungsbeispiel wählen wir den Introitus des zweiten Sonntages nach Erscheinung des Herrn *Omnis terra*. Nun, nachdem die Hirten den neugeborenen Herrscher der Welt als Kind angebetet haben, nun, da die Sterndeuter dem neugeborenen Herrscher ihre bewundernde Verehrung dargeboten und ihre Gaben gebracht haben, ist es an uns, in ihre Fußstapfen zu treten, neu von ihnen zu lernen, neu nach innen zu sehen und neu Botschaften zu hören, die wir uns selbst nicht sagen können. Es ist an uns, auf die unscheinbaren Töne und kleinen Dinge zu achten, in denen sich die Herrlichkeit Gottes spiegelt. Aus Staunen Erkenntnis gewinnen. Diese Haltung der beiden vorgestellten Gruppen, Hirten und Sterndeuter – welche Spannbreite! – muss nun durch Übung unsere Haltung werden, die uns nie und nimmer mehr verlässt, die uns durch das Jahr der Tatsachen, durch die Wochen der Anfechtung, durch die Tage des Dunkels und die Stunden der Klage trägt. Diese Haltung des *vade mecum – Geh nun mit mir* hat den Hirten ermöglicht, als neue Menschen wieder auf ihre Weide zu gehen und auch die Sterndeuter kehren in ihre angestammte Heimat *auf einem anderen Wege* (Matthäus 2,12) zurück. Diese Haltung hat Verdeutlichungen gezeitigt, die wir in unserem Übungsweg mit den Gesängen erfahren und einüben durften: das Staunen, das betrachtende Schauen, das zeitvergessene Singen, das Nachsinnen, das Wundern, das Freuen, die Ehrfurcht vor den Dingen, das durch persönliches Anreden in Kontakt bleiben mit einer Wirklichkeit, die wirklicher ist als alle unsere scheinbare Realität. Jene ist unleugbar da, doch verborgen für Augen, die nur in die Ferne schauen und nur dem Objekt vertrauen. Diese Wirklichkeit trägt uns, und ab und an entdecken wir Spuren von ihr, die versuchen, ihren Namen für uns zu nennen. So fordert unser Introitus uns auf: *Alle Lande singen Deinem Namen*. Dabei muss »alle Lande« noch nicht einmal nur geographisch gemeint sein. Jedes Gebiet unserer großen und weiten Seelenlandschaft darf in dieses Lied einstimmen, das im Psalmvers noch seine steigernde Weiterführung erfährt und das wir mit dem Gesang des Gregorianischen Chorals neu zu lernen und zu singen versuchen: *Jubelt dem Herrn, alle Lande, singt ein Lied Seinem Namen, gebt Seinem Lob die Ehre.*

Musikalische Betrachtung

Auch dieser Introitus ist ein unprätentiöses, einfaches und von einer wunderbaren Klarheit geprägtes Lied, ohne Schnörkel, ohne Getue, ohne selbst auffallen zu wollen. Textgrundlage des Liedes ist der Psalmvers mit seinen zwei Halbversen, die – wie bei vorhergehenden Introiten schon – mit verschiedenen Worten in zwei Zeilen eigentlich mehr intensivierend-konzentrierend als bereichernd-ausschmückend Ähnliches aussagen. Es geht ihm nicht um Gedankenvielfalt, sondern um Bildtiefe! Zwei sich klar entsprechende Bilder werden vorgestellt.

omnis terra	adoret	te	Deus
(omnis terra)	psallat	tibi	
(omnis terra)	psalmum dicat	nomini tuo	Altissime.

Diese einfache Einheit der beiden Teile wird nun fast eins zu eins auch auf die Klanggestalt übertragen und ihr wie ein maßgeschneidertes Kleid angepasst. Hören wir, wie *omnis terra adoret* auch melodisch mit *psalmum dicat nomini tuo* und das *te Deus* mit *psallat tibi* und *tuo* korrespondiert. Beim zweiten und dritten Hören nehmen wir wahr, wie sich über den ganzen Gesang ein wohltuender Bogen spannt, der bei *adoret* bzw. bei *nomini* seinen Höhepunkt erhält und bei *Altissime* so erweitert wird, dass deutlich wird: hier geht nicht nur ein zweiter Versteil zu Ende, sondern hier schließt das Lied mit der staunenden Anrede *Du Höchster*. Das Lied wird so eine Botschaft, die von Verständigen an Verstehende, von Staunenden an Staunende weitergegeben werden will.

Die Antiphon »Cantate Domino«

▸ CD 28

Singt dem HERRN ein neues Lied,
sein Lob erschalle von den Enden der Erde.

Notum fecit Dominus salutare suum, *
in conspectu gentium
revelavit iustitiam suam.

Kund tat der HERR sein Heil, *
vor den Völkern
offenbarte er seine Gerechtigkeit.

Viderunt omnes termini terrae *
salutare Dei nostri.

Alle Enden der Erde *
schauten das Heil unseres Gottes.

Aus Psalm 97 (98)

Textdeutung

Unsere Antiphon stellt Worte des Propheten Jesaja vor. Ihm als dem Propheten der Verheißung sind wir schon vor und an Weihnachten begegnet. Was kann er uns nach Weihnachten sagen? Er fordert uns zum Singen auf, weil er weiß, dass das Singen eine besondere Grundhaltung des Menschen zum Ausdruck bringt, die durch das Sprechen nicht erreicht werden kann. Beim Singenden wird durch die Investition der zusätzlichen Dimension des Klingens ein Bezug aus Empfindung zu dem, was er wem singt, vorausgesetzt! Das ist beim Sprechen nicht unbedingt der Fall.

Doch was hat es mit dem »neuen Lied« auf sich? In der Zeit nach dem letzten Konzil, das sich ja sehr für die Muttersprache in der Liturgie stark gemacht hat, wurde von einigen Eiferern diese Aussage häufig dazu benutzt, um althergebrachtes Liedgut – auch den Gregorianischen Choral – gegenüber neuem Liedgut abzuwerten. Hören wir weiter und tiefer. Wir finden in den Predigten des heiligen Augustinus eine Stelle, in der es heißt: »Der neue Mensch singt das neue Lied. Das neue Lied ist eine Angelegenheit der Liebe. Wer also lernt, das neue Leben zu lieben, lernt, das neue Lied zu singen«. Hier wird deutlich, dass »neu« kein äußeres Merkmal ist und das neue Lied sich nicht durch eine zeitgemäße Melodie definiert, sondern es durch Anbindung an den neuen Menschen eine innere Qualität eben dessen beschreibt, der es singt. Es geht also darum, was immer der neue Mensch singt, ob es Ausfluss und Antwort ist auf seine Erfahrung, durch Geburt, Tod und Auferstehung Christi einer neuen Schöpfung anzugehören. Oder anders: Hat sich der Mensch von den Wundern, die der Inhalt der Theologie sind, persönlich so ergreifen lassen, dass er spricht »Das sagt sich nicht, das singt sich nur!«? Der Sänger will die Großtaten Gottes, die er an sich erfahren hat und täglich an sich erfährt, durch immer wieder neues Singen dem Vergessen entreißen und zeitlich dauerhaft (vgl. Psalm 97 [98]) und räumlich umfassend gegenwärtig halten. So sind die vorliegenden Zeilen mit der imperativen Aufforderung *Cantate – Singet* bestens geeignet, das Anliegen des Chorals zu vertreten, uns darin einzuüben, nach den Feiern der Heilsgeheimnisse von Weihnachten nicht einfach wieder zur Tagesordnung überzugehen, sondern – neu geworden durch die Feier – im steten Lobpreis die Wundertaten Gottes nicht der Vergessenheit anheim fallen zu lassen.

Musikalische Betrachtung

Die Aufforderung *cantate – singet!* lädt eigentlich ein, vor aller Betrachtung von Einzelheiten sofort in dieses Lied einzustimmen. Wir haben es im Klangbeispiel 28 in einen Psalm eingebettet, damit wir das Hör- und Singerlebnis gleich vertiefend einüben können. Die Melodie und der Text sind so einfach gehalten, dass wir es wagen können, bei der ersten Wiederholung der Antiphon mitzusingen.

Aus den Übungen und Erfahrungen mit den bisherigen Antiphonen fällt es uns nun im zweiten Schritt nicht mehr schwer, hier die Schönheiten zu erkennen und ins Bewusstsein zu heben. Zunächst ist es die aus der Psalmodie herrührende, atemgesteuerte Zweiteiligkeit, die im Halbvers bei *novum – neu* offen bleibt und am Ende bei *terrae – der Erde* geschlossen wird. Hauptsächlich mit dem Verfahren »eine Silbe – ein Ton« angelegt, dürfen hier die wichtigsten Worte *canticum novum – ein neues Lied* und *laus – Lob* (eben das, was singend klingt) aus diesem syllabischen Gesamtduktus merklich und doch nicht zu deutlich heraustreten. Auch deren äußere Wortgestalt findet eine gediegene Berücksichtigung. Für das *n* von *canticum*, das Halbklinger ist, findet der Neumenschreiber ein eigenes Zeichen, wie auch das Spezialzeichen bei *laus* deutlich macht, dass wir beim Singen des Diphthonges den Mund schon auch entsprechend weit öffnen sollten und eigentlich *ao* statt *au* singen sollten. Schließlich fällt uns beim wiederholten Singen und Hören auf, wie das ermunternde *cantate – singet* vom bewegten Start bis zur höchsten Note zum Klingen kommt. Auch die Entsprechung der Melodieformen von *canticum novum* und *laus eius* und gar den schönen Bogen, der sich vom Grundton am Anfang bis zum Grundton am Ende spannt, können wir entdecken. So haben wir durch übendes Betrachten ein weiteres kleines, mustergültiges Beispiel gewonnen, in dem die Einübung des Sängerkomponisten in die Konkordanz von Sinn und Klang aus seinem geschulten Beziehungsorgan Ohr heraus deutlich zutage tritt, zu unserem Nutzen und Frommen! Wir dürfen uns durch ihn beschenkt wissen um ein kleines Liedjuwel, das uns nicht nur wunderbar deutet, was es um das neue Lied ist, sondern uns Gelegenheit gibt, auch uns selbst in diese Deutung hineinzusingen.

9. STATION

Nach Erscheinung II –
Die Freude aus dem Suchen

Es freue sich das Herz derer, die den HERRN suchen.
Suchet den HERRN, und ihr werdet erstarken.
Suchet sein Antlitz allezeit.

Psalm

Danket dem HERRN, ruft seinen Namen an.
Macht unter den Völkern seine Taten bekannt.

Der Introitus »Laetetur cor«

CD 29

Textdeutung

Dreimal kommt uns in dem Introitus das Wort *quaerere – suchen* entgegen, zweimal davon als Aufforderung *quaerite – suchet!* Diese ungewohnte Intensität kann uns auf etwas Wichtiges und Wesentliches für uns hinweisen. Das Wort hat zunächst einen sehr breiten Verständnishorizont. Er reicht von *aufsuchen, zu erwerben suchen* über *etwas verlangen, begehren, erwarten* bis hin zu *wissen wollen, fragen, forschen.* Mit allen diesen Worten aber haben wir in unseren Übungen die Haltung der drei Weisen belegt und versucht zu umschreiben, worauf es ankommt. Und sogar das *Forschet nach dem Kinde!* des Herodes würde mit diesem Wort ausgesagt sein. Es ist also entscheidend, die Intention dieses Suchens zu klären. Das Suchen der Weisen erwächst weniger aus einer Haltung der Neugier oder Angst, sondern aus einem Wachsein, einer Offenheit, einem Hörenwollen, einem Suchen nach dem, was die Welt im Innersten zusammenhält, und meint so die Grundtätigkeit des Menschen, auf der jede Form von Philosophie beruht und aus der jede Frage nach dem Sinn unseres Lebens sich nährt. Der Psalmist rät uns, diese Tätigkeit auf den Neugeborenen und Auferstandenen und auf dessen Lichtspuren in der Welt und in unserem Leben zu richten. Deswegen auch schließt der Text wieder mit einem deutlichen Hinweis auf das Lichtantlitz des Herrn, so wie es uns in dem Zitat aus dem Psalm in Erinnerung ist: *Lichte Dein Antlitz und wir sind befreit!* Das Gegenteil von dieser Haltung ist das Sichabfinden, das Resignieren, das dumpfe Dahinvegetieren im Schatten von Sinnlosigkeit, Verzweiflung und Langeweile, so wie es sich im Bild des griechischen Hades verdichtet. Das Erstaunlichste unseres Introitus aber ist die Aussage über die Früchte dieses Suchens: Freude und Erstarken. Das sind die zwei großen Lebensmotive, mit deren Energie wir uns dem Alltag stellen, den kleinen und großen Dingen, den widrigen und günstigen Erfahrnissen neu begegnen, wissend, dass wir rückgebunden sind an das neue Licht Christus, das die Nacht atmet, das uns aufgehoben sein lässt in einer jetzt schon angebrochenen Welt, der sich die unsrige, in der wir leben, verdankt. Das wird immer das Ergebnis der Suche sein, da sie in dieser Welt an kein Ende kommt, da sie aber in dieser Welt tausendfach und täglich Spuren dieser »Anderswelt« – so haben unsere keltischen Vorfahren diese Welt genannt – ausfindig machen kann. Wer darum weiß und diese Sicht einzuüben versucht, der kann das nicht für sich behalten. Deswegen wird er wie im Psalmvers sprechen: *Macht unter den Völkern seine Taten und Spuren bekannt.* Freude und Erstarken ihrerseits aber sind die Quellen für Dankbarkeit, für das Sich-verdankt-Wissen! Das letzte Wort *semper – immer* erinnert uns an das *semper* der Freude im Herrn des Introitus *Gaudete* (vgl. S. 58). So wie der vorletzte Sonntag vor Weihnachten, so ist auch der zweite nach Erscheinung von der Grundhaltung immerwährender Rückbindung (die östliche Tradition nennt das »Herzensgebet«) an den geprägt, der uns Freude und Kraft spendet durch sein Erscheinen hier auf der Erde, durch sein Erscheinen in unserem Leben Tag für Tag und durch sein Erscheinen am Ende aller Tage.

Musikalische Betrachtung

Wir nähern uns dem Introitus durch ein Hören, mit dem wir zunächst die Gesamtatmosphäre des Gesanges zu erspüren suchen. Sie wollen wir auf uns wirken lassen, von ihr wollen wir uns tragen lassen. Es liegt ja über dem Gesang eine Atmosphäre der andächtigen Sammlung, nicht des Groß-Hinausposaunen-Wollens. Aber wir hören auch, dass ein Subjekt spricht, nicht eine Gruppe. Dies zeigen uns deutlich die beiden Melodiewendungen, die sich auf den Endsilben von *quaerentium – der Suchenden* und *eius – sein (Antlitz)* befinden. Sie vereinen acht ganz leicht zu singende Töne auf einer Endsilbe und verleihen dem Introitus bei aller Intimität auch eine Strahlkraft. Zudem entstammen sie dem Kernmaterial des Psalmverses bei *invocate nomen – ruft (seinen) Namen an*.

Bei einem weiteren Hören werden wir die klare, vom Psalmvers und seinem Aufbau gesteuerte feste Dreiteiligkeit als Form erkennen. Die eben erwähnte Tonfigur und der musikalische Reim machen diesen Aufbau klar hörbar. Der zweite Satz bleibt in seinem Schluss offen. Die Melodie bildet sich organisch aus dem Pendeln zwischen den zwei Polen der wichtigsten und häufigsten Töne auf den beiden mittleren Linien und prägt so innerhalb eines geringen Gesamtumfanges weniger einen Bogen als eine Welle aus, die sich zu Zeiten über den oberen, zu Zeiten unter den unteren Pol bewegt und insgesamt wohl ausbalanciert erscheint.

In einer dritten Hörübung kann sich uns manch schönes Detail erschließen. Der Akzent von *lae-té-tur – es freue sich* darf sich auf zwei von den Neumen als breit zu singenden Tönen entfalten, das *cor – Herz* ist auch Akzent, aber zugleich auch offene Abgrenzung einer ersten kleinen Sinneinheit. Das *quaerentium – der Suchenden* steht ganz im hellen Glanz des oberen Poltones. Das *Dominum – den Herrn* schließt den ersten Satz mit der Rückkehr zum Finalton ab.

Im zweiten Satz insistiert das *quaerite* genau wie das *quaerentium* auf dem oberen Polton, nur für den syntaktischen Einschnitt kehrt es zurück und auch das *confirmamini – ihr werdet erstarken* bleibt bis zum abspannenden Ende der letzten beiden Silben in der intensiven Höhenlage aufgehoben. Der dritte Satz gleicht zu Beginn wohltuend aus, indem er den unteren Tonraum noch einmal ausschöpft, dabei melodisch das *Dominum* in Erinnerung ruft und zugleich die Voraussetzung für die schöne Steigerung auf *faciem eius – sein Antlitz* schafft.

Insgesamt haben wir in der Übung ein Einzugslied erfahren, das in der abgerundeten Bildung der einzelnen kurzen Sätze eine formal straffe Gesamtanlage aufweist. Ausgeprägte Betonungen, die der differenzierten Heraushebung des Wesentlichen dienen, sind angenehm kontrastiert in den, dem Ausgleich dienenden und fein gesetzten Ausschwingvorgängen. So malt das kleine, im Umfang bescheidene Lied, von liebevoller Hingabe an das Wort Gottes geleitet, der Seele ein Bild von ihrer vornehmsten Aufgabe: den HERRN und sein Antlitz zu suchen und in dieser Suche Freude und Erstarkung zu erfahren.

Der Psalmus responsorius »Date gloriam«

CD 30

Gebt Seinem Lob die Ehre.

Iubilate Deo, omnis terra, *
psalmum dicite gloriae nominis eius.

Jauchzt Gott alle Welt, *
lobsingt Seinem Namen.

Omnis terra adoret te
et psallat tibi, *
psalmum dicat nomine tuo.

Die ganze Erde bete Dich an
und singe Dir.
Sie singe Deinem Namen, o Höchster.

Venite, et videte opera Dei, *
terribilis in adinventionibus
super filios hominum.

Kommt und seht die Werke Gottes! *
Schauererregend ist er
in Seinen Ratschlüssen
mehr als die Menschenkinder.

Benedictus Deus,
qui non amovit orationem meam, *
et misericordiam suam a me.

Gesegnet sei Gott,
der mein Gebet nicht verstoßen *
und Sein Erbarmen nicht abgewandt
hat von mir.

Aus Psalm 65 (66)

Zur Melodie- und Textdeutung

Mit dem vorliegenden Gesang betreten wir in unserem Übungsweg noch gegen Ende hin einen bisher nicht gekannten Pfad. Wir wählen deswegen auch nicht die bisherige Weise des Vorgehens, zunächst den vorliegenden Text in seiner Bedeutung für uns aufzuschließen, sondern gehen gleich vom Gesang aus. Der Sänger ist voll der Erfahrung Gottes und singt sie in auffordernder Geste weiter. Aber mit dieser Aufforderung gibt er uns in der Art und Weise des Vollzugs des Gesanges auch einen wunderbaren Hinweis, wie das im Text Ausgesagte praktiziert und geübt werden kann. Nicht durch einen einmaligen Diskurs mit Argumenten, nicht durch eine objektivierende Untersuchung, sondern durch Wiederholung, durch immer neues Vergegenwärtigen, so wie es uns im fernöstlichen Bild der Gebetsmühle vorgestellt wird. Wir sind so eingeladen, in diesem *Psalmus responsorius* Antworten auf eine Art und Weise einzuüben, die anderen Bewusstseinsschichten als Nahrung dienen können. Aufgeklärten und jeder Ideologie kritisch gegenüberstehenden Menschen sind solche Formen zunächst einmal suspekt. Sicherlich nicht zu unrecht, wenn diesen Formen keine eigene Erfahrungswelt zugrunde liegt. Aber wenn wir denn geübt haben über die großen Werke des Herrn zu staunen, wenn in uns ein neues Empfinden gewachsen ist zu den Dingen als Mitteilungen und Spuren Gottes, dann sollen auch der Körper und die Seele zusammen mit dem Verstand in den Lobpreis darüber einstimmen dürfen. Wenn wir den Refrain wiederholt hören oder sogar gleich in ihn einzustimmen versuchen, können wir uns kaum noch der Kraft dieses Einwurfes entziehen. Beim mehrmaligen Hören wollen und können wir unmittelbar – so einfach ist der Zuruf gewirkt – einstimmen. Wir müssen das Lied nicht erst einüben, es kann uns sofort selbst Übung sein. In steter Wiederholung kann uns dieser Antwortruf, der einen kurzen aber wesentlichen Vers des Psalms herausgreift, zu einem Mantra, zu einem unser Leben begleitenden und prägenden Wort werden. Was wohl geschähe, wenn alle, die die Aufforderung hören, in sie einstimmten und sie weitertrügen?

Damit aber so ein Einwurf seine Wirkung auch entfalten kann, darf er nicht nach der vierten oder fünften Wiederholung Verdruss bereiten, sondern er muss kristallklar und diamantenfest sein. Sprechen wir also den Text, langsam und deutlich, hören wir auf unsere Sprechmelodie, dann werden wir gewahr, dass bei *date – gebt* wegen der eindeutigen Betonungsstruktur die erste Silbe mit einer höheren Sprachmelodie versehen wird als bei der zweiten, dass *gloriam – die Ehre* als aussagekräftiges und wohlabgerundetes Wort gesprochen werden muss und das *laudi eius – seinem Lob* den aufgespannten Ambitus des bedeutungsvollen Wortes *gloriam* wieder zur Ruhe bringt, dabei die Betonungsstruktur von *eius* noch berücksichtigend. Genau diese beim Sprechen gemachten Beobachtungen finden sich im gesungenen Lied wieder. Diese genaue und doch erhöhte Entsprechung zeigt uns ein weiteres Mal, mit welch sensiblem Ohr der Sängerkomponist dem Vers nachgelauscht hat. Aber es zeigt uns auch, dass offensichtlich erst bei Beachtung dieser Gegebenheiten ein Lied entstehen kann, das verdrussfrei immer und immer wieder gesungen und so seiner Aufgabe gerecht werden kann, als Instrument einer Meditation zu dienen, die uns zu unserer eigenen Tiefe führen will. Die Rezitation des Psalmes auf einem erhöhten Ton berücksichtigt melodisch – wie schon früher im Psalmodiemodell – nur die jeweiligen Versenden, hier mit einem ganz klaren Aufbau: Halbvers geschlossen, Ganzvers offen zum Antwortgesang hin. Der von einem Psalmensänger vorgetragene Psalm – bei uns sind das aus Zeitgründen ausgewählte Verse – hat hier in dieser Singweise also eher eine die Atmosphäre des litaneiartigen Zurufs herausfordernde Wirkung, denn als Einladung, dem Inhalt durch Nachdenken auf die Spur zu kommen. Es sei an dieser Stelle auch noch einmal verwiesen auf die Seite 15 ff., auf denen von den Formen und Gattungen die Rede war, die für dieses Übungsbuch ausgesucht wurden.

10. STATION

Das Fest der Darstellung des Herrn (Mariä Lichtmess) – Das dankbare Staunen

Der 2. Februar ist nach alter Tradition Schlusspunkt der Weihnachtszeit (siehe dazu das liturgische Zeitschema S. 23). Nach jüdischem Gesetz musste vierzig Tage nach der Geburt jede männliche Erstgeburt dem Herrn im Tempel dargebracht werden. Dazu waren kleine Opfergaben vom Gesetz her vorgeschrieben (vgl. Levitikus 12,8). Es kommt nach dem Evangelisten Lukas (vgl. Lukas 2,22 ff.) bei dieser Gelegenheit zu der Begegnung mit dem greisen Simeon, der in dem dargebrachten Knaben Jesus den langersehnten Retter und Heiland erkennt. Simeon und Anna sind damit die Vertreter des Volkes Gottes, das auf den Trost Israels, auf die Erlösung Jerusalems, ja auf das Heil aller Völker wartet. Die beiden werden nun Zeugen für die Erfüllung dieser Erwartung. Die Szene ist für uns historisch durchaus von Bedeutung, wichtiger aber ist, dass wir selber übend und mit den Gesängen des Gregorianischen Chorals in die Haltung von Simeon und Anna hineinwachsen und wir mit unserem an Weihnachten und an Erscheinung des Herrn neu gewonnenen Blick wieder unseren Retter und unseren Heiland in dem Dargebrachten erkennen. Die Szene, in der Maria, die Mutter Jesu, den Knaben in die Hände des greisen Simeon gibt, ist auch und gerade deswegen in der Kunst des Mittelalters immer wieder neu ins Bild gesetzt worden. Bei dieser Begegnung stimmt der greise Simeon sein berühmtes *Nunc dimittis – Nun entlässest Du Herr, Deinen Knecht in Frieden* an, aus dem der Text unserer letzten kleinen Antiphon zum Mitsingen entnommen ist. Zunächst jedoch wollen wir uns dem Introitus meditierend – singend – übend nähern und zugleich unsere übenden Betrachtungen dieser Gesangsgattung des Gregorianischen Chorals abschließen.

Der Introitus »Suscepimus«

▶ CD 31

Empfangen haben wir,
Gott, Dein Erbarmen inmitten Deines Tempels.
Wie es, o Gott, Deinem Namen gebührt,
so reicht auch Dein Lob bis an die Enden der Erde.
Von Gerechtigkeit erfüllt ist Deine Rechte.

Psalm

Groß ist der HERR und hoch zu loben
in der Stadt unseres Gottes,
auf Seinem heiligen Berg.

Musikalische Betrachtung

Schon beim ersten Hören können wir nicht umhin, Anklänge an den Introitus *Rorate* herauszuhören. Nicht nur der identische Beginn, auch die von der Messpsalmodie herrührenden Tonbewegungen in der Höhe, die wieder Akzenten zugehören, sind uns von dorther vertraut. Sogar die Schlussbildungen z.B. bei *tui* und *terrae* (vgl. *iustum)* treten hier wieder auf. Doch diese Beobachtung betrifft das äußere Gewand unseres Introitus, das in der Tat große Ähnlichkeiten mit dem Introitus *Rorate* aufweist. Aber viel eindrücklicher mag uns bei einem wiederholten Hören bewegen, was in diesem Gesang herausragt: die weit ausholende Melodie bei *secundum nomen – wie es Deinem Namen gebührt.*

Innerhalb von nur vier Silben überwältigt uns eine großartige Steigerung zum zentralen Wort *nomen tuum Deus.* Dies ist, als ob alle vielfältigen Namen, die der Choral in der ganzen Zeit für Ihn zu finden versuchte und aussang, hier ihre gipfelnde Zusammenfassung finden. Die dem *nomen tuum* entsprechende Stelle *ita laus tua – so soll auch unser Lob* behält diese emphatische Höhe, um deutlich zu machen, dass es genau darum geht: Der Größe der Erfahrungen seiner Spuren muss die Größe unseres Lobes zu entsprechen versuchen. Trotz der großen Unterschiedlichkeit in der Höhenentwicklung reimen sich die beiden Sätze (*templi tui – fines terrae*) musikalisch und runden so wohltuend ab. Der dritte Satz ist kurz, fast eher ein Anhang an den zweiten Satz. Das *st* in den Neumen bedeutet *statim* (d.h. weiter) und zeigt damit eine direkte Fortführung des Singens ohne Pause an. Aber deswegen darf der dritte Satz trotzdem nicht vernachlässigt werden. In einer guten, satten Tonlage sind die gewichtigen Worte *Von Gerechtigkeit erfüllt ist Deine Rechte – Deine Hand ist voll von dem Bemühen, uns zu Dir auszurichten!* »Gerechtigkeit« meint hier ja nicht Gesetzestreue, sondern die Gerechtigkeit Gottes gibt uns eine Ausrichtung auf einen neuen Horizont. Verständlich, wenn es Choralsänger gibt, die diesen Introitus, der von unserer schönsten Aufgabe singt, den Herrn ob seiner Wundertaten zu preisen (vgl. das *Tu es Deus* in der Einleitung) zu ihrem Lieblingslied erkoren haben.

Textdeutung

Wir können den Text, ohne ihn lange deuten zu müssen, unmittelbar als Danklied begreifen für das Erleben einer reich gefeierten, weil gesungenen und besungenen Zeit, die mit dem sehnsuchtsvollen *Ad te levavi* begann und mit dem Hymnus *O Lux beata* ihr Ende findet. In dieser Zeit haben wir mit den Gesängen des Gregorianischen Chorals auf eine besonders intensive, weil gesungene Weise teilhaben können am Glaubensleben von Menschen, die mit einer besonderen Wachheit und einem ungetrübten Gespür für die Spuren Gottes in dieser Welt ausgestattet waren und darüber hinaus ihre Erfahrungen mit dem Wort Gottes nicht in begrifflichen Abhandlungen zu fassen versuchten, sondern unter einem feinen künstlerischen Anspruch in musikalischen Klang überführten. Mögen das Hören der von Gottes Wort gespeisten Introiten, der vom poetischen Nachklang auf das Wort Gottes entstandenen Hymnen und auch der kleinen, mitgesungenen Antiphonen zu einer Wiedergeburt des Glaubensvollzuges dort geführt haben, wo er durch die Mauern allgemeiner Vereinbarungen eingesperrt schien, zu einer Stärkung des Glaubensvollzuges dort geführt haben, wo die Sehnsucht lebendig, das Staunen groß geblieben ist und wo die Entdeckung des eigenen Geheimnisses Menschen wach für den Weg zum eigentlichen Ziel hält. Wir haben uns in den Übungen darum bemüht, die Lieder des Gregorianischen Chorals als ein Zeugnis einer ausgeprägten Kultur vom Umgang mit dem Wort Gottes zu erfahren. Wir haben zu erkennen versucht, dass die emotionale (weil mit Musik und den gesungenen Tönen durchsättigte) und eben darum erfrischend subjektive (nicht individualistische!) Art seiner Aussage uns heute wieder für Erfahrungen und Lebensqualitäten neu die Augen und die Ohren öffnen kann. So ist der Gregorianische Choral besonders wertvoll in Zeiten, in denen nichts mehr eine Bedeutung hat und alles gleich gültig wird und in denen das scheinbar Objektive ausschließlich Wirklichkeit beansprucht. Er möge uns durch die Übungen befähigen, selbst wieder mit unserem Munde singend zu verkündigen, was wir mit unserem Herzen glauben gelernt haben.

Die Antiphon »Lumen«

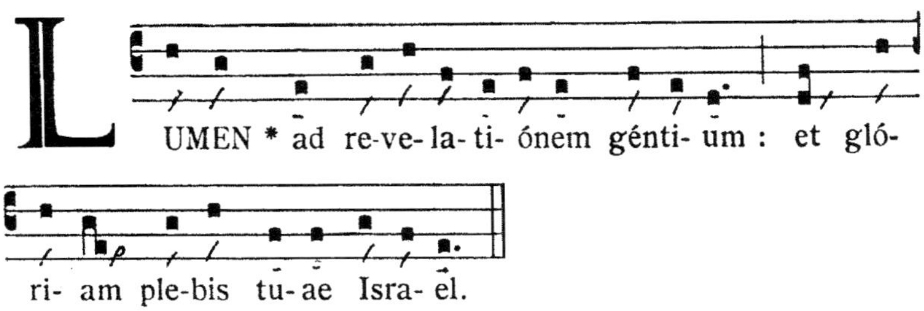

CD 32

Ein Licht zur Erleuchtung der Heiden
und zur Verherrlichung
Deines Volkes Israel.

Nunc dimittis servum tuum, Domine, *
secundum verbum tuum in pace.
Quia viderunt oculi mei *
salutare tuum.
Quod parasti *
ante faciem omnium populorum.

Nun lässest Du, Herr, Deinen Diener *
nach Deinem Wort in Frieden gehen.
Denn meine Augen *
haben Dein Heil geschaut,
das Du bereitet hast *
vor aller Völker Angesicht.

Textdeutung

Zum letzten Mal und auch am Schluss unseres Übungsbuches steht noch einmal das Licht, das in mannigfaltigen Ausprägungen mit unseren Gesängen uns als Pilger durch die Festzeit begleitet hat und auch begleiten kann, wann immer wir uns von ihm bescheinen lassen. Wir haben in den vielen Übungen erkennen dürfen, wie tief der Choralsänger dieses äußere Licht als Hinweis für das innere Licht in sich geborgen hat und in welcher Vielfalt er davon singend für uns Zeuge des Lichtes hat werden können. Nun steht heute vor uns *Licht zur Erleuchtung der Völker*. Das meint nicht ein außen aufgestelltes, betrachtbares Licht, über das man diskutieren kann und über das man verschiedener Meinung sein kann. Es meint das Licht, das wir als staunende, lichthungrige Wesen wahrnehmen und in unseren Herzinnenraum mitnehmen, das von Ihm, der alles zusammenhält, hier uns dargereicht wird wie das Leben, um es dereinst ins ewige, nicht untergehende Licht einzubringen. Dafür stehen auch die Kerzen, die an Mariä Lichtmess geweiht werden und welche die versammelte Gemeinde zu der Festfeier erhält.

Musikalische Betrachtung

Ich denke, diese wunderbare kleine Melodie können wir nach dem zweiten Hören sofort versuchen mitzusingen. Unsere Beobachtungen an den Antiphonen bisher können wir auch hier wieder bestätigt und gefestigt finden. Wie bei unserer ersten betrachteten Antiphon *Illumina* setzt die Melodie auf dem höchsten Ton an und bildet ab dort zum Schluss hin einen abspannenden Halbbogen.

Das ist nichts anderes als der Sprachmelodie abgehört und in klingende Töne gesetzt. Unsere damalige Übung, durch emphatisches deutliches und langsames Sprechen die Melodie als die klangliche Übertragung des Sprachbogens zu erkennen, kann auch hier hilfreich sein. Die zweite Hälfte der Antiphon setzt genau beim tiefsten Ton der ersten Zeile an und kann deshalb für ihn einen ganzen Bogen ausbilden. Ansonsten folgt der zweite Teil dem Duktus des ersten genau, muss nur die letzten drei Töne eine Stufe höher setzen, um zum wirklichen Schlusston der Antiphon zu gelangen. Wenn wir dann noch einen letzten Blick auf die einzelnen Töne der Antiphon legen, die ja nur einen recht bescheidenen Tonumfang (Quint) hat, so werden wir alle in der Psalmodie grundgelegt finden: *revelati-(onem)* ist z.B. Psalmodieteil von *(tu)-um in pace.* So lapidar einfach und doch auch so an den Text angeschmiegt zu sein, das ist wieder und wieder die wunderbare Entdeckung an den kleinen, wie Diamanten über die Jahrhunderte hin leuchtenden Antiphonen des Gregorianischen Chorals, das ist wieder und wieder die Eigenschaft des Chorals, in einfachsten Gesängen reife Kunst und tiefe Versenkung ins Wort Gottes zu verbinden mit einem musikalischen Idiom, das der Meditation des Psalmodierens als Keimzelle und Humusboden entstammt.

Der Hymnus »O Lux beata Trinitas«

H.VIII

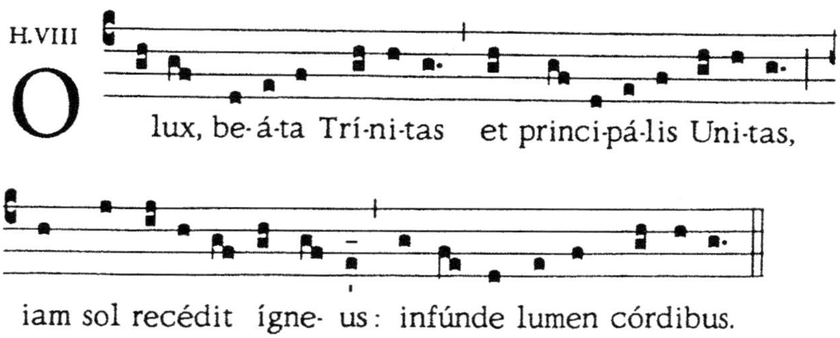

CD 33

O lux beata Trinitas
et principalis Unitas,
iam sol rececit igneus:
infunde lumen cordibus.

Du Licht, selige Dreifaltigkeit,
Du Einheit vom Ursprung an.
Die feuerrote Sonne zieht sich nun zurück,
gieße jetzt Licht in unsere Herzen.

Te mane laudum carmine,
te deprecemur vespere;
te nostra supplex gloria
per cuncta laudet saecula.

Dir erklingt am Morgen unser Lob,
anflehen wollen wir Dich am Abend,
Dich preise durch alle Zeiten hindurch
unsere Herrlichkeit auf Knien.

Christum rogamus et Patrem,
Christi Patrisque Spiritum;
unum potens per omnia,
fove precantes Trinitas.
Amen.

Christus und den Vater wollen wir bitten,
auch Christi und des Vaters Geist
Eins und mächtig in allem,
gib uns Betern Lebenskraft, Du Dreieinigkeit.
Amen.

Textdeutung

In der betrachtenden Übung der bisherigen Hymnen war es uns ein Anliegen, wieder Mut zu finden, mit den Dingen zu reden, in den Dingen Den zu erkennen, der sich in ihnen mitteilt. Es ging mit dem Dichter zusammen darum, eine neue Dimension von Beziehung oder Bezug zu gewinnen, mit der wir die alleinige Dominanz des Objektiven durchbrechen können. Denn der Dichter redet mit den Dingen, der Naturwissenschaftler von den Dingen.

Wir schließen unseren Übungsweg, auf dem wir in den Preisliedern des Hymnus einen ganz besonderen Charakterzug des Gregorianischen Chorals kennen lernten, mit der Betrachtung eines Hymnus, der so recht geeignet ist, uns eine Perspektive über den gegangenen Weg hinaus zu geben. Der Dichter des Liedes ist unbekannt. Sicher ist, dass er im siebten oder achten Jahrhundert gelebt hat und zu der Gruppe von Hymnendichtern gehört, die noch ganz aus dem ambrosianischen Geist heraus gedichtet haben. Der Hymnus beginnt wie einst die Sehnsuchtslieder mit dem Staunlaut O. Es folgt die direkte Anrede an Den, der als LICHT das uns sichtbare Licht erschaffen hat. Dieses Licht hat uns auf dem hinter uns liegenden Übungsweg mit den Gesängen des Gregorianischen Chorals in verschiedensten Formulierungen begleitet, und immer bot dem Dichter das angeredete Licht eine Perspektive, einen Durchblick zum göttlichen Licht. Hier jetzt wagt der Dichter im Anblick der noch vollen Sonne den Blick auf den Schöpfer selbst, der im Anfang als der, der vor jeder Trennung und vor jeder Entwicklung und Mannigfaltigkeit ist, das Licht schuf. Die Sonne ist hier das Bild für diese ursprüngliche göttliche Einheit und es ist wichtig, von dem Dichter zu lernen, dass die ursprüngliche Einheit eben kein Ergebnis der Forschung ist, sondern eine Offenbarung. Es ist ein wichtiges Anliegen, dass auch wir am Ende wie an einem Abend aus der Vielfalt unserer Erfahrungen zu dieser ursprünglichen Einheit wieder zurückfinden, die ja den ganzen Weg, den wir gegangen sind, angestoßen hat. Es ist und bleibt unser Ziel, durch die Welt der irdischen Bilder hindurchzustoßen zur bilderlosen Klarheit der reinen ungeteilten Einheit. Licht ist das Wesen dieses Ursprungs und Licht ist unser Ziel (vgl. den Introitus *Ad te levavi*). Diese Sicht zu entfalten ist dem Dichter umso dringender, je mehr er sieht, dass das erschaffene Licht am Abend des Tages untergeht. Gerade dieser Vorgang aber mahnt den Sänger an das unerschaffene und ursprungslose Licht (vgl. den Introitus der Weihnachtsmesse in der Nacht *Dominus dixit*). Für den Dichter ist in der Zeit, in der er lebt, dieser Schritt aus der wahrgenommenen Schöpfungswirklichkeit in den geglaubten Ursprung noch ein Leichtes, uns, die wir die Geistesgeschichte des Westens mit Rationalismus und Aufklärung durchgemacht haben, mag es schwerer fallen. Aber lassen wir uns durch ihn ermutigen, es wieder und wieder zu versuchen. In der zweiten Strophe blickt der Dichter auf die Zeitlichkeit des Tages zurück. Vor dem Goldgrund der Einheit ist alles Tun des Menschen aufgehoben im Lobpreis des Schöpfers am Morgen und am Abend in einer dafür festgesetzten Stunde und über die Stunden hinaus im immerwährenden Herzensgebet. Dieses sollte wieder unsere große Sorge sein und auch die Quintessenz aus unserem Übungsbuch: dass der Lobgesang nicht verstumme. Was wir hier auf dieser Erde an Lob singen, das sieht der Dichter – geistbegnadet – auch als Vorstufe unserer eigentlichen Berufung, nämlich an der Herrlichkeit des Herrn im Lichte der Ewigkeit als mit Gottes Herrlichkeit dann selbst bekleidete Kreatur teilzuhaben – lobend, preisend, singend. Unser Dichter sagt das mit einer unübertrefflichen Formulierung nur zweier lateinischer Worte: *supplex gloria* – das meint *Herrlichkeit auf Knien*. An Weihnachten hat diese Perspektive ihren Ausgang genommen. Die in zwei dichte Strophen gefasste gewebte Rede macht unsere Berufung fest an der Beobachtung des Lichts. Das ist wahrlich inspirierte Dichtung.

Musikalische Betrachtung

Die geschmeidig geführte Bewegung der Linien ist das große Kennzeichen dieser Melodie. Nur insgesamt fünf kleine Sprünge unterbrechen den ansonsten linearen Verlauf einer schwingenden Welle. Nicht wie sonst im Bogen geführt, sondern als Welle schwingt hier die Gesamtform. Wo der Unterschwung dieser Welle durch seine Wiederholung in der ersten und zweiten Verszeile und auch in der vierten ein Übergewicht bekommt, balanciert das die dritte Verszeile aus, die als einzige Höhe entwickelt und den Wellenschlag von oben her auslaufen lässt. Das ist eine Melodie, die uns zur Ruhe kommen lässt.

Mein Wunsch für die Leser dieses Buches: Dass uns durch das immer wiederholte Hören und Singen dieser hymnischen Lieder das Licht, das uns an Weihnachten erschienen ist, das Wunder des unerschaffenen Lichtes immer intensiver in unseren Herzen aufgehe. Was wir allen, die heimgegangen sind oder in diese Einheit zurückgekehrt sind, wünschen: *Requiem aeternam et lux perpetua – das ewige Ausruhen und das fortdauernde Licht*, das wird auch unser Ziel sein: ausgeruht im ewigen Licht den Lobpreis der Herrlichkeit Gottes singen. Der Gregorianische Choral – ist er nicht genau dafür eine geeignete Übung?

Anhang

Hinweise zur Notation des Gregorianischen Chorals

Die Formen und Arten der Notation des Gregorianischen Chorals sind grundlegend anders als die der uns geläufigen Notation. Das hängt zum einen mit historischen Gegebenheiten des ältesten uns überlieferten Gesanges im Abendland zusammen, zum anderen mit der Eigenart des Gregorianischen Chorals als einstimmiger, rhythmisch frei fließender und modal ausgerichteter Gesang. »Einstimmig« bedeutet, dass seine Ausführung nur einer Stimme anvertraut ist und dass sein Tonumfang begrenzt ist auf den der menschlichen Stimme. »Rhythmisch frei fließend« bedeutet, dass er an keinen Takt und kein Metrum gebunden ist, sondern sich im freien Wechsel von kleinen Tongruppen unterschiedlicher Länge vollzieht. »Modal« bedeutet, dass ihm ein eigenes System der Tonalität zugrunde liegt, das grundverschieden ist von unseren bekannten Dur- und Molltonarten.

Die Notation mit Neumen

Über die Bedeutung der Neumen als der frühesten Form der Notation des Gregorianischen Chorals finden sich im Einleitungskapitel schon einige Bemerkungen. Hier seien für interessierte Leser noch einmal die wichtigsten Wesenszüge dieser frühesten Aufzeichnungweise etwas erweitert darstellt und an einem kurzen Beispiel genau erläutert.
Wir finden in unseren Notenbeispielen über dem Text zwei verschiedene Notationen. Die eine befindet sich direkt über den Worten, die andere in den vier Zeilen darüber. Wir schauen uns zunächst diese Neumennotation näher an. Die Zeichen sind im offenen Feld, also ohne Orientierung an einer festgelegten Linie, geschrieben. Diese Zeichen zu untersuchen und ihre Bedeutung zu erforschen ist die Aufgabe der Semiologie (Lehre von den Zeichen), einer Wissenschaft, die Dom Eugène Cardine, ein Mönch aus der Abtei in Solesmes, in den fünfziger Jahren des letzten Jahrhunderts an seinem Lehrstuhl in Rom begründet hat. Sie versucht, vor allem durch ein sogenanntes vergleichendes Formelstudium plausible Deutungen dieser Zeichen zu geben. Es handelt sich hier um eine Notation, bei der die für uns so wichtigen Tonhöhen nur sehr ungenau dargestellt sind (»adiastematische Notation«), eine Eigenschaft, die uns zunächst diese Notenschrift

nicht besonders wertvoll oder interessant erscheinen lässt. Sie war aber wertvoll für die damaligen Sänger, die in ihr das rhythmisch höchst differenzierte Gefüge der Melodie mitteilten. Die Melodie mit dem genauem Verlauf der Tonhöhen konnten die Sänger üblicherweise auswendig. In dieser Schrift lassen sich vor allem die freien Gruppierungen von Tönen über den einzelnen Silben und deren rhythmische Gewichtung zum Zwecke einer agogisch differenzierten Ausführung entnehmen. Diese Notation überliefert uns also in ihren Zeichen die Interpretation des Sängerkomponisten. Wir schauen uns das für die erste syntaktische Einheit *Tu es Deus* (vgl. a. S. 13) einmal genauer an.

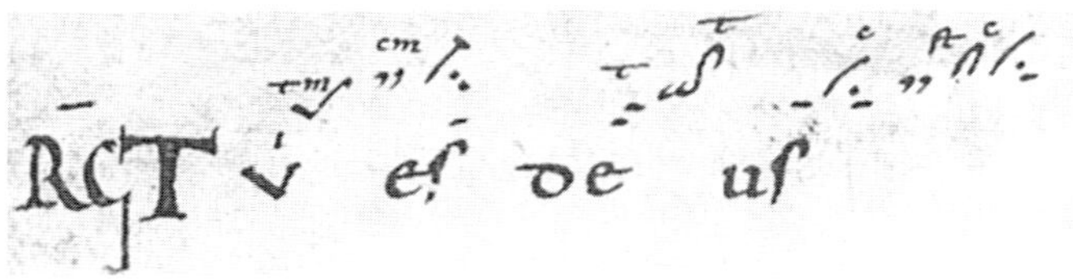

CD 1

Das erste, eckig geformte Zeichen neben dem *Tu* bedeutet eine gedehnt zu singende Zweitongruppe aufwärts, auf die zwei kommaartige Zeichen folgen, denen zwei leicht zu singende Töne auf derselben Tonstufe entsprechen. Das schräggesetzte Nagelzeichen mit zwei Punkten daneben bezeichnet eine Dreiergruppe, deren erster Ton gedehnt, deren zwei weitere Töne eher kurz zu singen sind. Damit ist eine sehr subtile Interpretation für das wichtige Wort der Beziehung *Tu* vorgegeben. Über *es* steht mit dem kurzen waagerechten Strich eine isolierte Einzeltonneume, die der Silbe mit dem dazugehörigen Ton das ihr eigene Gewicht zuteilt. Das Wort *Deus* ist der Wortbedeutung nach sehr ausführlich gestaltet. Der interne Rhythmus wäre von der Gruppierung der Zeichen her so zu sehen: Fünf Töne für die Silbe *De* und die Reihe 4 + 2 + 2 + 3 Töne für die Silbe *us*. Die ersten fünf Zeichen werden noch durch Hinzufügung zweier Buchstaben *t (tenete – haltet)* ergänzt. Sie verlangen vom Sänger eine breite Ausführung der Töne. Die nachfolgende Vierergruppe der Silbe *us* besteht aus einem isolierten Strich und einer zusammengehörigen Dreiergruppe. Sie bedarf also auch einer Ausführung, die diese Differenzierung der vier Noten im gesungenen Rhythmus zum Klingen bringt: ein gedehnter Ton, dem drei aus dieser Dehnung herausfließende Töne folgen. Der kleine Buchstabe *c (celeriter – zügig, leicht)* über den drei Zeichen verlangt für diese Bewegung eine zügige Ausführung. Die zwei folgenden, kommaähnlichen Zeichen sind uns bereits begegnet bei *Tu*. Eine weitere Zweiergruppe schließt sich an, die der leichten Schreibweise des runden Bogens entsprechend mit zwei leichten Tönen abwärts gesungen wird. Die Phrase schließt mit der uns schon bekannten

Dreiergruppe, die drei Tönen abwärts entspricht. Der letzte Bestandteil ist nicht als Punkt wie vordem, sondern als waagerechter Strich vermerkt und verlangt zur Abrundung der kleinen Phrase eine kleine Dehnung.

Diese Beschreibung mag für den Leser zunächst sehr kompliziert erscheinen. Aber die Beachtung genau dieser internen rhythmischen Gruppierungen und Differenzierungen führt beim Hörer zur Wahrnehmung der fließenden, schwingenden, ja schwebenden und beruhigenden Melodielinie, die von keinem regelmäßigen Taktschlag getroffen wird. Deswegen sind das Studium und die Beachtung dieser Zeichen für den heutigen Sänger von entscheidender Bedeutung, wenn er eine Interpretation im Sinne des Sängerkomponisten anstrebt.

Es gibt natürlich nicht nur diese eine Neumenhandschrift, die hier an einem ausgewählten Beispiel näher dargestellt wurde. Es gibt sehr viele und auch qualitativ sehr unterschiedliche, die aber erstaunlicherweise in der Übermittlung der rhythmischen Differenzierung und der Gruppierung im Wesentlichen übereinstimmen. Sie alle gehören in die Zeit zwischen 900 und 1100. Weitere Notationen mit Neumen, die dann auch allmählich Ansätze von Tonhöhenaufzeichnung enthalten und mit einer oder zwei Linien arbeiten, hier darzustellen, würde den Rahmen des Buches sprengen. Ich verweise hier auf die einschlägige Fachliteratur.

Die vierzeilige Notation

Alle gregorianischen Melodien lassen sich – etwas vereinfacht gesagt – als aus Oktavgattungen (Modi) gebildet auffassen. Wir veranschaulichen diesen Sachverhalt zunächst an zwei Beispielen.

Beispiel 1 – Introitus »Rorate«

Damit wir wissen, welche Oktavenreihe dem Gesang zugrunde gelegt ist, brauchen wir einen Schlüsselton, der uns die Reihe und die Lage der einzelnen Töne der Reihe aufschließt. In unserem Beispiel finden wir ihn am Anfang der obersten Zeile. Er stellt ein stilisiertes *C* dar und wir können ihm nun die Lage und die Namen der Töne, vor allem auch die Intervallbezüge entnehmen. Wir bedienen uns dabei einer Erfindung des mittelalterlichen Mönches Guido von Arezzo (um 990–1050), auf den die Idee zurückgeht, Noten nicht alleine auf Zeilen sondern auch in den Zwischenräumen zu positionieren. Unserem Beispiel liegt also die Oktavreihe von d' bis d'' zugrunde:

Is. 45, 8; Ps. 18 ▶ CD 10

1. Modus (Dorisch)

Bogenoktav (authentisch)

Sie wird an zwei Stellen, nämlich zu Beginn bei »Rorate« und am Ende bei »Salvatorem« um einen Ganzton nach unten zum c' erweitert. Der Gesang schließt auf dem Ton d'.

Wir können jetzt leicht die Noten der vierzeiligen Notation lesen, die über dem Text »Rorate caeli desuper« stehen:

cd – dah – a – acca – ag – ahc – chcdcd – dc

Wir haben hier keine Vorzeichen zu beachten. (Aus Übersichtlichkeitsgründen sind hier die genauen Differenzierungen nach Oktaven weggelassen.)

Da der Gregorianische Choral einstimmiger Gesang ist und in der Regel über den Umfang einer Oktave nicht oder nur geringfügig hinausweist, genügen für die Aufzeichnung seiner Melodien vier Zeilen. Jede zusätzliche Linie ist für den Sänger überflüssig und damit störend. In unserem Beispiel können die Töne c bis d ohne Hilfslinie notiert werden. In der uns geläufigen fünfzeiligen Notation würde die oberste Linie für unseren Gesang nicht benötigt werden.

Um die in den Neumen vorgegebene freifließende Rhythmik aus den unterschiedlichen Gruppierungen der einzelnen Töne auch in der Melodieaufzeichnung annähernd wiederzugeben, benutzt die vierzeilige Notation Notenformen, die diese Gruppierung abbilden können. Die uns bekannten Notenformen beinhalten durch ihr Aussehen (mit Hals oder Fähnchen, mit leerem oder gefülltem Kopf) bereits ein genau festgelegtes Verhältnis ihrer Dauer untereinander: Auf eine halbe Note kommen genau zwei Viertelnoten. Solche Notenformen irritieren und sind deswegen für den Choral unbrauchbar, da er sich am individuellen Silbengewicht oder an der Gestaltung einer individuellen Gruppierung orientiert.

In unserem Beispiel befinden sich die zur Aufzeichnung der Melodie notwendigen Töne in einem Bereich, der unserem einfachen und natürlichen Singstimmenumfang (also ungefähr c' bis d'') entspricht. Das ist aber nicht immer so. Wir schauen uns ein zweites Beispiel aus dem Buch an.

Beispiel 2 – Introitus »Laetetur cor«

CD 29

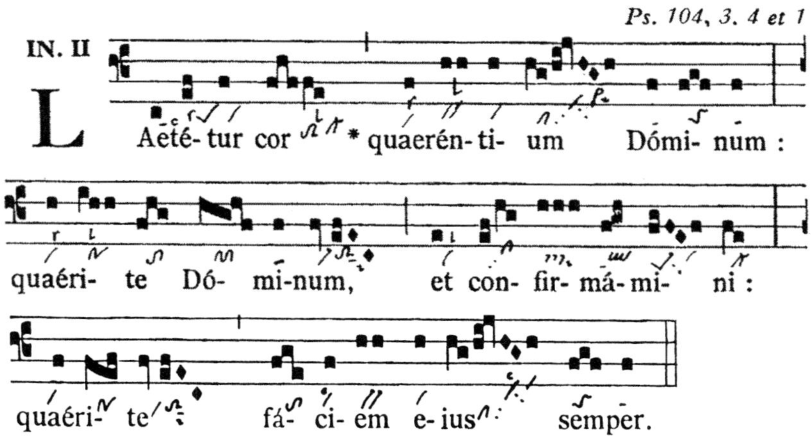

Um zu wissen, welche »Oktavgattung« diesem Gesang zugrunde liegt, suchen wir den Schlüssel. Das ist in diesem Beispiel ein stilisiertes *F*. Wir sehen jetzt, dass die Choralnotation zwei Schlüssel kennt, den C-Schlüssel und den F-Schlüssel. Diese beiden zeigen aber nicht nur die Lage der Oktavgattung, sondern geben dem Sänger auch an, wo sich in den Zeilen die Halbtöne befinden. Sie befinden sich immer unterhalb der Schlüsselnote: Unter dem c das h und unter dem f das e. Das ist für den Sänger eine nicht zu unterschätzende Qualität.

Die Oktavgattung unseres zweiten Beispiels also ist a – a' mit Schlusston d'.

2. Modus (Hypodorisch)

Wellenoktav (plagal)

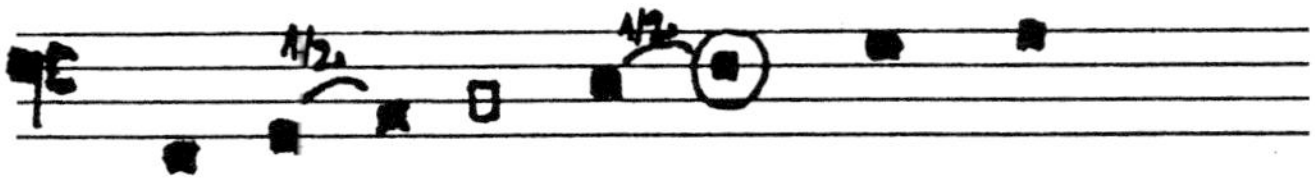

a h c d e f g a

Auch dieser Gesang ist wieder vorzeichenfrei, auf vier Linien mit dem F-Schlüssel und mit den Notengruppen aufgezeichnet. Wenn wir ihn aber singen wollten, würden wir feststellen, dass seine Notationshöhe für unsere Stimmen recht tief liegt und der Gesang in dieser notierten Höhe kaum zum richtigen Klingen gebracht werden kann.

Wir müssen um den für den Sänger großen praktischen Vorteil einer vorzeichenfreien Notation den geringfügigen Nachteil in Kauf nehmen, dass oftmals die *Notations*höhe nicht der *Sing*höhe entspricht und wir den ganzen Gesang in eine unserem Stimmumfang gemäße Stimmlage, in unserem Beispiel also nach oben verschieben (transponieren) müssen. Da aber unser Ohr in der Regel nicht absolute Tonhöhen, sondern nur relative Intervallbezüge erkennt, spielt es für den Sänger keine Rolle, wo er seine zu singenden Intervalle vorzeichenfrei notiert bekommt. Wir haben in unserer Aufnahme (CD 29) den Gesang mit der Maßgabe »Der notierte F-Schlüssel vertritt ein klingendes B« um eine reine Quart nach oben transponiert, um ihn zum richtigen Klingen zu bringen. Die Notennamen verpflichten also nicht zur absoluten Tonhöhe.

Unsere beiden Beispiele zeigen uns noch etwas über die Art der Oktavgattungen (Modi). Beide Beispiele schließen auf dem Ton d. Der Introitus *Rorate* bildet mit seiner Melodie einen Bogen oberhalb dieses Schlusstones d. Die Melodie des Introitus *Laetetur cor* formt um den Schlusston d eine Art Welle aus. Von einem Schlusston aus sind also zwei Möglichkeiten der Melodiebildung gegeben. Wichtig ist, dass wir uns vergegenwärtigen, dass der Schlusston dafür maßgeblich ist.

Weitere Oktavgattungen

Wir kennen insgesamt noch weitere sechs »Oktavgattungen«. Sie sind auf den Tönen e, f und g aufgebaut, die als Schlusstöne wieder einer Bogenoktav (3., 5. und 7. Modus) und einer Wellenoktav (4., 6. und 8. Modus) fungieren.

3. Modus (Phrygisch)

Bogenoktav (authentisch)

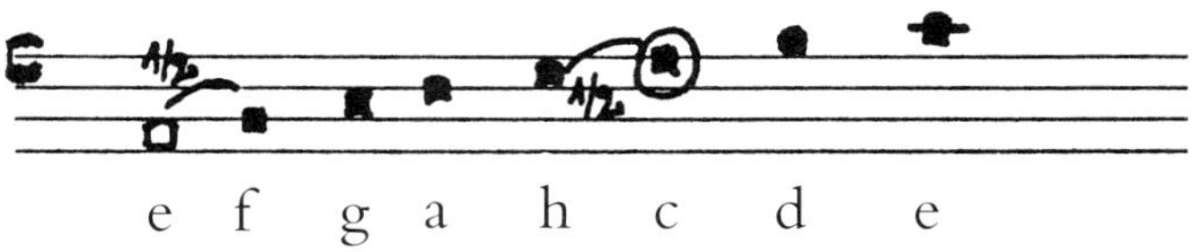

4. Modus (Hypophrygisch)

Wellenoktav (plagal)

5. Modus (Lydisch)

Bogenoktav (authentisch)

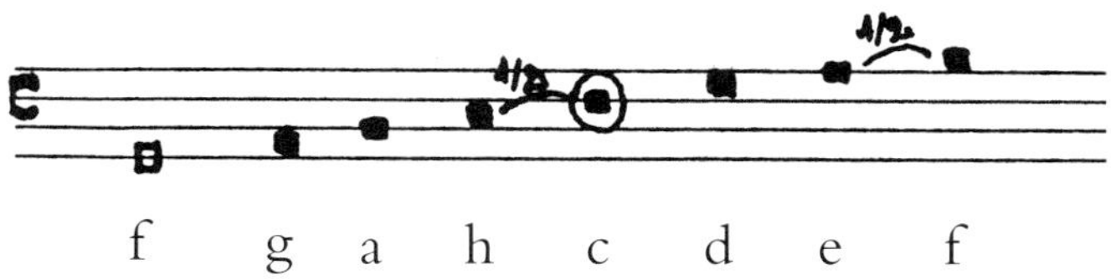

6. Modus (Hypolydisch)

Wellenoktav (plagal)

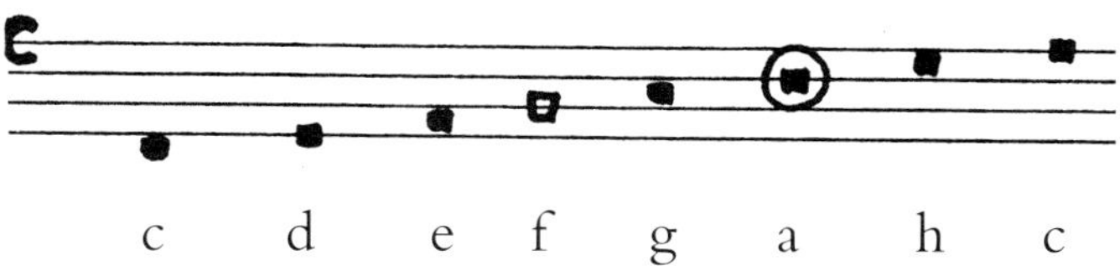

7. Modus (Mixolydisch)
Bogenoktav (authentisch)

g a h c d e f g

8. Modus (Hypomixolydisch)
Wellenoktav (plagal)

d e f g a h c d

In den Leitern ist der Schlusston (Finalis) stets die leere Note. Wir unterscheiden hier also genau zwischen der Leiter d'–d'' mit Schlusston d’ (1. Modus, Bogenoktav) und der Leiter d'–d'' mit Schlusston g' (8. Modus, Wellenoktav).

Von jedem der Schlusstöne d', e' , f' und g' kann es also eine »Bogenoktav« oder eine »Wellenoktav« geben. So entstehen insgesamt vier Modi mit je einem Doppelaspekt »Bogen« (authentisch) oder »Welle« (plagal).

Nun ist es noch wichtig, dass nicht alle Töne einer solchen Oktavgattung dieselbe Wichtigkeit besitzen, sondern dass es Rangunterschiede gibt.

Den zweitwichtigsten Ton in unseren Gesängen erkennen wir immer an der dem Gesang hinzugefügten Psalmodie und ihrem Rezitationston. Beim Introitus »*Rorate*« ist dies der Ton *a'*, beim Introitus *Laetetur cor* ist es der Ton *f'*. Die Distanz zum Schlusston ist also einmal eine reine Quinte, das andere Mal eine kleine Terz. Auch diese Eigenschaft gehört zum spezifischen Merkmal dessen, was der Choral »Modus« nennt. In den Notenbeispielen mit den Leitern ist dieser Ton eingekreist. Wegen der verschiedenen Lage der Ganz- und Halbtöne innerhalb der Oktavgattungen prägt jede einen eigenen Charakter aus, hat jede ein eigenes Gesicht. So hat sich im Mittelalter aus dem Empfinden dieser Charakterzüge ein Tonartenethos entwickelt, das jedem Modus eine bestimmte Grundstimmung zuordnet.

Wir geben hier noch für den Interessierten eine kleine Sammlung, welchem Modus einzelne Gesänge unseres Buches zugehören.

1. Modus: Umfang d'–d" mit Schlusston d'
Introitus »Gaudete« ▸**CD 7**
Introitus »Suscepimus« ▸**CD 31**

2. Modus: Umfang a–a' mit Schlusston d'
Introitus »Laetetur cor« ▸**CD 29**

3. Modus: Umfang e'–e" mit Schlusston e'
Hymnus »Hostis Herodes« ▸**CD 26**
(Im Hymnus wird der Standardumfang um einen Ton nach unten erweitert und nach oben hin nicht ausgeschöpft.)

7. Modus: Umfang g'–g" mit Schlusston g'
Introitus »Populus Sion« ▸**CD 5**
(Hier ist der Modus nicht durchgängig bewahrt. Das darin vorkommende b ist modusfremd.)

8. Modus: Umfang d'–d" mit Schlusston g'
Introitus »Ad te levavi« ▸**CD 2**
Antiphon »Rex pacificus« ▸**CD 22**

Zusammenfassung

Wir haben gesehen, dass es für den Gregorianischen Choral im Prinzip zwei sehr unterschiedliche Notationsformen gibt: die zeilenlose Neumennotation und die vierzeilige, im Wesentlichen vorzeichenfreie Punktnotation mit C- oder F-Schlüssel. Beide weisen nur sehr geringe Ähnlichkeit auf mit der uns heute geläufigen Notation auf fünf Zeilen mit einem Violinschlüssel, mit klar gegliederten Notenwerten und Vorzeichensystemen.

Wir brauchen aber zum richtigen Choralsingen die beiden uns weniger vertrauten Arten der Notation. Die Befolgung der Informationen der Neumennotation gewährleistet den lebendigen Vortrag des rhythmisch freien, vom Wort mit seinem äußeren und inneren Gewicht gesteuerten Fluss im Sinne der Interpretation des Sängerkomponisten. Wir benötigen aber auch die vierzeilige Notation, um die Melodien richtig singen zu können. Schenken wir den Neumen keine Beachtung, wird die Ausführung entweder punktuell, gleichförmig oder beliebig, wenn die Intervallbezüge fehlen, können wir nur richtig singen, wenn wir das Stück auswendig beherrschen.

Quellenhinweise

Die Notenbeispiele sind folgenden Ausgaben des Gregorianischen Chorals entnommen:

Die Introiten sind entnommen dem *Graduale Triplex (GT), herausgegeben von den Mönchen der Abtei Solesmes, Frankreich, bei Desclée, Paris-Tournai 1979.*

Aus Übersichtlichkeitsgründen ist die dort eingetragene Handschrift Laon, Bibliothèque municipale 239 (Paléographie Musicale, t. X), getilgt. Außerdem sind die Noten nach den Vorschlägen zur Restitution von Melodien des Graduale Romanum bearbeitet. Sie sind in den *Beiträgen zur Gregorianik*, dem offiziellen Mitteilungsorgan der *Deutschsprachigen Sektion der AISCGre (Internationale Gesellschaft für Studien des Gregorianischen Chorals)* veröffentlicht. Die Beiträge zur Gregorianik erscheinen mehrmals jährlich im ConBrio-Verlag in Regensburg.

Die Hymnen sind entnommen dem *Liber hymnarius (LH), herausgegeben von den Mönchen der Abtei Solesmes, Frankreich, bei Desclée, Paris-Tournai 1983.*

Die Antiphonen und die beiden kurzen Responsorien sind entnommen dem *Antiphonale Monasticum (AM), herausgegeben von den Mönchen von Solesmes, Frankreich, bei S.A.S. La Froidfontaine 2005.*

Über den Noten sind die Neumen aus dem Codex Hartker (Paléographie Musicale, Deuxième Série, t. 1) handschriftlich hinzugefügt.

Die Antiphon »Illumina« und der Psalmus responsorius »Date« sind entnommen dem *Graduale Simplex (GS), herausgegeben von der Libreria Editrice Vaticana, Rom 1988.*

Die Übersetzungen der Texte sind vom Autor nach der lateinischen Vorlage im GT, LH, AM und GS erstellt.

Danksagung

Ich danke zunächst meinem Verleger Winfried Nonhoff. Er hat mich zum Schreiben dieses Buches angeregt und mit seinen ermutigenden und wertvollen Hinweisen das Buch in der vorliegenden Form ermöglicht. Sein positiver, von großer Wertschätzung geprägter Umgang mit Menschen und seine lebensbejahende Art des Denkens und Unternehmens haben mich sehr beeindruckt. Mein großer Dank gilt auch der zuständigen Lektorin Margarete Stenger, die mit mir in Geduld und wohltuender Einfühlsamkeit die vorliegende Fassung des Textes erarbeitet hat.

Der Familie Elisabeth und Jürgen Rolle, mit der mich eine langjährige Freundschaft verbindet und in der ich mich als Sohn angenommen weiß, verdanke ich die großherzige Unterstützung des Buchprojektes in seiner vorliegenden Form als gebundene Ausgabe mit einer beigelegten CD.

Meinen Scholaren Matthias Privler, Andreas Lang, Florian Abel, Severin Putz und Michael Anderl, die es durch ihre einsatzfreudige Bereitschaft, bei der CD mitzuwirken, ermöglicht haben, dass die zur Übung vorgesehenen Gesänge auch gehört werden können, gilt ein besonders herzliches Vergelt's Gott, ebenso wie dem Aufnahmeleiter Michael Grobe von der Hochschule für Musik und Theater in München, nicht zuletzt auch der Gemeinschaft der Armen Schulschwestern in München, die uns ihre Kapelle zur Aufnahme zur Verfügung gestellt haben.

Meinen beiden choralkundigen Freunden aus der Schweiz, Walter Boesch und Ruedi Stäuble, die meine Anliegen mit dem Gregorianischen Choral immer mit großem Wohlwollen unterstützen, danke ich für die kritische Durchsicht der Gregorianischen Sachverhalte und der lateinischen Übersetzungen.

Wesentliche Anregungen für die Bildmeditationen verdanke ich meinem hochgeschätzten Künstlerfreund Manfred von Linprun.

Viele großartige Choralkenner und geistliche Menschen haben mich auf meinem gregorianisch-musikalischen Weg begleitet, gefördert und inspiriert. Ihnen danke ich für ihre musikalisch-geistliche Elternschaft.

Fr. Gregor Baumhof OSB

Übersicht über die Gesänge und den Inhalt der beiliegenden CD

1.	Graduale »Tu es Deus« (S. 13/66)	2:04
2.	Introitus »Ad te levavi« (S. 29)	2:53
3.	Antiphon »Illumina« (S. 33)	2:03
4.	Hymnus »Conditor alme« (S. 38)	2:07
5.	Introitus »Populus Sion« (S. 47)	2:57
6.	Responsorium breve »Veni ad liberandum« (S. 52)	0:57
7.	Introitus »Gaudete« (S. 58)	3:50
8.	Antiphon »Jerusalem gaude« (S. 62)	1:51
9.	Hymnus »Veni Redemptor gentium« (S. 65)	1:50
10.	Introitus »Rorate« (S. 71)	2:13
11.	Responsorium breve »Ostende nobis« (S. 77)	0:56
12.	O-Antiphon »O Sapientia« (S. 80)	0:55
13.	O-Antiphon »O Adonai« (S. 85)	0:58
14.	O-Antiphon »O Radix Jesse« (S. 87)	1:01
15.	O-Antiphon »O Clavis David« (S. 89)	1:11
16.	O-Antiphon »O Oriens« (S. 92)	0:52
17.	O-Antiphon »O Rex gentium« (S. 94)	0:58
18.	O-Antiphon »O Emmanuel« (S. 96)	0:53
19.	Introitus »Dominus dixit« (S. 102)	1:40
20.	Antiphon »Natus est nobis« (S. 105)	1:53
21.	Introitus »Lux fulgebit« (S. 113)	3:12
22.	Antiphon »Rex pacificus« (S. 117)	2:17
23.	Hymnus »Christe Redemptor omnium« (S. 123)	3:14
24.	Introitus »Ecce advenit« (S. 130)	2:02
25.	Antiphon »Vidimus« (S. 134)	1:31
26.	Hymnus »Hostis Herodes« (S. 138)	2:51
27.	Introitus »Omnis terra« (S. 142)	2:22
28.	Antiphon »Cantate Domino« (S. 145)	1:28
29.	Introitus »Laetetur cor« (S. 149)	2:22
30.	Psalmus responsorius »Date gloriam« (S. 152)	1:38
31.	Introitus »Suscepimus« (S. 156)	3:21
32.	Antiphon »Lumen« (S. 159)	1:54
33.	Hymnus »O Lux beata Trinitas« (S. 161)	1:20